PAOLA MAURIN

STOP!
TRANSFORME SUA VIDA

Copyright© 2021 by Literare Books International
Todos os direitos desta edição são reservados à Literare Books International.

Presidente:
Mauricio Sita

Vice-presidente:
Alessandra Ksenhuck

Capa, diagramação e projeto gráfico:
Gabriel Uchima

Revisão e preparação:
Ivani Rezende

Diretora de projetos:
Gleide Santos

Diretora executiva:
Julyana Rosa

Diretor de marketing:
Horacio Corral

Relacionamento com o cliente:
Claudia Pires

Impressão:
Impressul

**Dados Internacionais de Catalogação na Publicação (CIP)
(eDOC BRASIL, Belo Horizonte/MG)**

M455s Maurin, Paola.
   Stop! Transforme sua vida! / Paola Maurin. – São Paulo, SP: Literare Books International, 2021.
   14 x 21 cm

   ISBN 978-65-86939-45-3

   1. Literatura de não-ficção. 2. Autoconhecimento. 3. Sucesso. I. Título.
   CDD 158.2

Elaborado por Maurício Amormino Júnior – CRB6/2422

Literare Books International.
Rua Antônio Augusto Covello, 472 – Vila Mariana – São Paulo, SP.
CEP 01550-060
Fone: +55 (0**11) 2659-0968
site: www.literarebooks.com.br
e-mail: literare@literarebooks.com.br

PALAVRAS DA AUTORA

Ao longo da minha vida, aprendi que a auto-observação, aliada ao pensamento positivo e à meditação, é uma forma de conexão que nos possibilita entrar em contato com nosso "eu interior" e dele extrairmos o nosso melhor.

Graças a essa conexão com os espíritos de luz, ao conhecimento proveniente de diversos cursos e estudos que realizei, aliado às experiências vivenciadas, que muito contribuíram para ampliar minha visão terapêutica, superando as dificuldades impostas, encontrei a minha missão nesta vida: ajudar as pessoas a conhecerem-se, a alcançarem seus sonhos e, acima de tudo, a serem felizes.

Neste livro, proponho uma reflexão sobre o motivo de estarmos aqui e agora, qual o nosso propósito de vida e como alcançá-lo, implantando algumas mudanças na forma de pensar, sentir e agir. Quando unimos pensamento, sentimento, palavra e ação, tornamo-nos raio de materialização.

Proponho que você faça uma viagem para dentro de si mesmo, com a finalidade de se autodescobrir, identificando seus dons e talentos, sua realização plena. Mais que isso, desejo que acesse o mundo íntimo do seu ser e descubra quem você é e desamarre as crenças que por muito tempo fizeram parte da sua vida.

Desejo que este livro ajude a encontrar-se e descobrir o melhor de você em si mesmo. E que, a partir dele, seja feliz e realizado como pessoa e como profissional.

AGRADECIMENTOS

Àqueles que fazem parte da minha história, gratidão!

Em especial, à minha mãe Susana Maurin, por sempre estar ao meu lado e apoiar-me todas as vezes que precisei; por sempre estar presente em minha vida. A meu pai, por me dar a vida e apoiar-me. Aos meus amados irmãos, que sempre me fizeram sentir parte de uma família muito unida.

A Diego Oliveira, por estar presente ao meu lado no momento da escrita, por ter apoiado-me e dado a paz de que precisava para poder escrever.

A todos que, de uma forma ou outra, fizeram este projeto acontecer, especialmente a Ivani Rezende, que foi um anjo que apareceu na minha vida e contribuiu muito para que este livro chegasse até vocês.

Sou grata à vida, ao agora, e por ter oportunidade de seguir meus sonhos.

No momento em que finalizo este livro, a pandemia da Covid-19 age como um chamado, despertando-nos da realidade em que vivíamos, fazendo-nos olhar para o lado e percebermos o próximo; olharmos para dentro de nós mesmos e descobrirmos que temos que mudar.

SUMÁRIO

MUDE A SUA VIDA 11

O QUE FALTA PARA SERMOS FELIZES? 17

COMO AS CRENÇAS IMPEDEM NOSSOS SONHOS? 31

O QUE VIM FAZER NESTE MUNDO? 43

O QUE FAZER PARA QUE NOSSO PROPÓSITO REALIZE-SE? 55

O QUE NOS IMPEDE DE REALIZAR NOSSOS SONHOS? 61

QUEM SOMOS DE VERDADE? 71

COMO PLANEJAR A MINHA NOVA VIDA? 87

COMO CONSEGUIR O QUE DESEJAMOS? 95

QUAL O PODER DAS AFIRMAÇÕES POSITIVAS? 107

A PALAVRA TEM PODER? 119

COMO GERAMOS NOSSAS DOENÇAS? 129

REFERÊNCIAS 139

Siga sempre a voz que vem do coração. Não tenha medo, pois o medo nada mais é que um pensamento; não é real.

MUDE A SUA VIDA

Você já notou como muitas pessoas pensam de maneira contrária ao que desejam? Eu sou feio, não tenho dinheiro ou o dinheiro nunca sobra, odeio meu trabalho, ninguém me quer, quero morrer, não sou nada, sempre acontece comigo, não tenho sorte, a outra pessoa é mais bonita do que eu, estou gordo e mais alguns outros pensamentos que nos tornam vítimas de nós mesmos.

Isso acontece, pois fomos criados em um mundo onde a mídia dita-nos o que devemos ter e ser e, se não estivermos dentro dos padrões estéticos, financeiros ou sociais por ela estipulados, acabamos nos sentindo discriminados, insatisfeitos, tristes, angustiados e até culpados.

Mas a culpa não é nossa. Não foi ensinado que, por mais que passemos a vida correndo atrás de ter tudo o que o dinheiro pode comprar, a felicidade e a satisfação por obter algo serão momentâneas, pelo fato de logo depararmo-nos com um novo objeto de desejo, em uma incansável busca por ter ao invés de ser.

Assim nos dedicamos cada vez mais ao trabalho e menos à vida pessoal. Desperdiçamos nosso tempo precioso que poderia ser compartilhado com a família e amigos por acreditarmos que um dia poderemos desfrutar de tudo o que conquistamos. Só que o tempo passa e decepcionamo-nos ao perceber que vivemos uma mentira em nossas vidas. O acúmulo de trabalho e de riquezas não traz a sensação de realização ao longo dos anos; o que nos torna realizados é fazermos o que nos causa satisfação durante o percurso e não ao final dele.

Muitos ainda tentam encontrar a realização com pequenos projetos desenvolvidos paralelamente à atividade profissional que exercem. Mesmo sendo prazerosa, às vezes não traz o rendimento financeiro esperado. E isso faz com que a pessoa desista de sua empreitada, prometendo a si mesma que mais tarde, quando tiver um tempinho a mais, dedicar-se-á à outra atividade. Porém, assim como veio a ideia, ela também passará com o tempo.

Ao nascermos, cada um de nós vem com o seu propósito de vida, que acaba perdendo-se ao longo das nossas vivências. Sem percebermos, entramos em uma espécie de *matrix*: somos programados a sermos iguais em nossas perspectivas e almejarmos as mesmas coisas coletivamente. Assim, acabamos deixando de lado quem somos e o que gostamos de fazer para adequarmo-nos a um modelo social imposto.

Para que possamos ser plenos, devemos entender quem realmente somos, do que gostamos e em que acreditamos, sem estarmos envolvidos por influências externas. E isso só será possível pelo autoconhecimento.

Modificando nossos pensamentos, transformaremos nossa forma de agir no mundo, compreenderemos o que é nosso querer e o que nos foi imposto, ressignificaremos nossas crenças e teremos consciência para encontrarmos nossa verdadeira essência.

Para iniciarmos nosso processo de transformação, que tal mudarmos nossa frequência de pensamento? Isso mesmo! Ao pensarmos, geramos ondas vibracionais positivas ou negativas. Sendo assim, somos energia e temos o poder de atrair ou repelir o que quisermos. Dependendo de nossa frequência, estaremos próximos ou distantes das nossas realizações. Como somos energia, e tudo que está ao nosso redor é energia, então o que emanamos para o universo retorna com a mesma intensidade do impulso que damos com nossos pensamentos e sentimentos.

Para elucidar a ideia anterior, gosto muito do exemplo da bolinha de tênis. Quando lançada à parede, a bolinha retornará com a mesma força com a qual lançamos. Assim são os pensamentos: quando depositamos muita intensidade em algo, ele acontece. Portanto, pense grande. Afinal, dá o mesmo trabalho que pensar pequeno e sonhar pequeno.

O objetivo deste livro é propor reflexões para que modifiquemos nossos comportamentos repetitivos e entendamos por que às vezes temos sentimentos que não conseguimos compreender, ou por que agimos de maneira impulsiva, gerando danos para nós mesmos, sem identificarmos de onde vêm.

O universo fala-nos por sinais. Fique atento às situações que acontecem na sua vida. Talvez seja o universo indicando o caminho para que atinja o que deseja.

O QUE FALTA PARA SERMOS FELIZES?

Da infância à vida adulta, adaptamos as nossas metas à realidade imposta pelo mundo e pelas pessoas que estão no nosso convívio familiar: pais, avós, tios, primos. De certa forma, esquecemo-nos de quem somos e o que gostamos de fazer. Deixamos de lado o que realmente importa e tornamo-nos "máquinas", agindo dentro da caixinha, repetindo os movimentos como robôs, sem pensar nem sentir. Tudo para alcançar a vida perfeita que nos foi vendida pela sociedade, ter bens materiais para sermos e fazermos o que quisermos, seguindo as metas custe o que custar, pois assim atingiremos a felicidade. Afinal, nos foi implantada essa ideia desde pequenos, nos comerciais, nas revistas, na televisão e segue até hoje, mas agora nas mídias sociais.

Somos levados a acreditar que, se tivermos dinheiro para comprar o que desejarmos, seremos felizes. Só que, quando conseguimos tudo isso e um pouco mais, perguntamo-nos: por que não somos felizes como pensamos que seríamos?

Vem o sentimento de frustração, do qual não conseguimos fugir, pelo fato de termos que trabalhar cada vez mais e comprar aquele outro bem que almejamos, em um ciclo infindável de momentos de prazer que, possivelmente, custar-nos-á novas decepções.

Vivemos presos a modelos predeterminados, impostos por uma sociedade que não se preocupa com a pessoa-ser e sim com o ser-consumista, pois assim se torna mais fácil controlar os movimentos e a forma de agir.

Na adolescência, há uma preocupação com nosso corpo, por não nos aceitarmos como somos. Queremos ter a melhor roupa, o melhor visual e, se estivermos acima do peso ou tivermos algo que salte como diferente aos olhos de outros, geralmente somos motivo de chacota e acabamos nos deprimindo, ficando com raiva do mundo e angustiados.

Então, começamos a nos cobrar e fazer de tudo para tornarmo-nos o que a mídia sugere como padrão. E esse movimento repete-se na vida adulta, sem que percebamos, causando-nos frustração, desconforto ou incômodo, e não nos damos conta. Afinal, se tivermos beleza e bens materiais, somos mais aceitos pela sociedade, uma vez que isso gera *status* social.

Como se estivéssemos presos em um mundo paralelo, sem conseguirmos sair, vamos sendo conduzidos por ideologias que nos são impostas, comportamentos viciantes que nos impedem de movimentarmo-nos por conta própria, afastando-nos cada vez mais de quem somos realmente.

E o ciclo repete-se: uma pessoa bem-sucedida é aquela que segue determinada carreira, tem títulos acadêmicos, tem a casa dos sonhos, o carro do ano e uma conta bancária satisfatória. Na intenção de evitar de sermos colocados de lado, rejeitados ou tratados com indiferença, acabamos por repetir o mesmo padrão de comportamento de outras gerações e, o pior, incutimos as mesmas ideias em nossos filhos.

Lembra-se daquele colega que você achava o máximo – aliás, aquele que todos queriam ser, imitar, estar perto. O que ele tinha de diferente? Acho que posso adivinhar algumas de suas qualidades: beleza, roupas da moda, uma casa grande e bonita, um carro ou uma moto e uma família com posses. Desde a infância, fomos ensinados que o sucesso é ter para ser.

E somos facilmente conduzidos, iludidos pela falsa concepção de sermos aceitos. Isso justifica, por exemplo, tantas pessoas com depressão, com síndromes diversas, angustiadas, nervosas, descontentes com a vida e com o mundo.

Não estou dizendo que ter dinheiro é ruim; ao contrário, gosto muito das possibilidades que o dinheiro oferece. Só quero dizer que não devemos ser infelizes para tê-lo. Existem milhões de formas de sermos felizes. Fazendo o que se gosta, a prosperidade virá com certeza.

O segredo de uma pessoa bem-sucedida é que faz o que ama, por isso o sucesso financeiro e a felicidade são consequência. Nossos pais, por acreditarem no sistema de trabalhar em algo que trouxesse retorno satisfatório, em vez de escolher o que amavam, enganaram-se em suas percepções e ensinaram isso a nós. Apenas reproduziram o que aprenderam de seus pais, que também viveram a mesma realidade.

Se olharmos para vida de nossos pais, quantos amavam o trabalho e voltavam para casa alegres e satisfeitos ao fim do dia? Acredito que poucos. Mas deve lembrar-se de seus pais trabalhando duro e chegando à casa chateados, ou exaustos de tanto trabalhar, sempre correndo incessantemente, sem tempo para nada.

Sabe por quê? Porque foi lhes ensinado que o valor estava em ganhar dinheiro e não no prazer em trabalhar no que se gostava; e a prosperidade seria consequência disso. Cabe a nós, portanto, mudarmos essa realidade por meio do conhecimento.

Hoje os tempos mudaram, especialmente com o advento do período de pandemia provocada pela Covid-19, em que somos levamos a nos conhecermos melhor, a ficarmos em casa, a sentirmos que a vida é breve e que toda a riqueza acumulada ou as horas de trabalho não farão diferença. Diante de tudo isso, meu conselho é que, além de aproveitar cada momento e a oportunidade que lhe é oferecida, tome coragem e faça o movimento do autoconhecimento: redescubra o sentido da vida e o que tem de melhor; reconheça seu propósito de vida.

O propósito é tudo aquilo que realmente nos faz feliz. São nossos sonhos, nossos desejos; é aquilo que faz a nossa vida ter real significado. É o que norteia nossas ações. Quando se descobre o propósito de vida, as nossas ações impulsionam-nos a superar os próprios limites, a nos tornarmos pessoas melhores, a nos sentirmos realizados e felizes.

Desde antes do nascimento, escolhemos como vamos manifestar nosso amor por meio de um determinado trabalho. Para isso, trazemos conosco vários dons e talentos que nos ajudarão a cumprir a missão. Quando nos conscientizarmos do nosso propósito, tudo fluirá.

No momento em que começamos a fazer o que gostamos e a entender o nosso objetivo neste planeta, iniciará o desabrochar do nosso "eu", camada por camada. A cada dia compreendemos melhor o que viemos fazer no mundo e a energia do universo vai abrindo caminhos que nem imaginávamos existir. Quanto maior é a entrega ao propósito, maior será o recebimento. Chegará, a nossa vida, uma onda de felicidade, de abundância e de prosperidade, pois faremos o que amamos fazer.

Mas até lá, como saber o nosso propósito de vida? Ao fazermos algo que nos dá satisfação, mesmo se não houver remuneração, ao nos sentirmos úteis, começamos a compreender para que viemos ao mundo. Nossos dons e talentos podem manifestar-se em diferentes profissões, como: enfermeira, psicólogo, professor, músico, médico, pintor, advogado, escritor, terapeuta, cozinheiro, jardineiro, artista etc.; ou, simplesmente, realizar-se em algo que não exige um estudo acadêmico e sim um conhecimento técnico ou prático no assunto. O dom pode manifestar-se em um sentimento de amar e cuidar da família e da criação dos filhos.

Seja qual for o seu dom, o importante é amar o que está fazendo. Você vai acordar de manhã e sentir-se feliz. Aquele sentimento de vazio desaparecerá, assim como a falta de reconhecimento também. Somos seres que precisamos entender nosso propósito para sermos felizes, senão nos perdemos e deixamos a angústia fazer parte da nossa vida.

Daí vem o sentimento de não pertencimento, um vazio existencial, um desencaixe, um sentimento de solidão, pois é dessa forma que a pessoa se sente quando está na busca do externo, do ter, e se esquece do que realmente é importante, da realização do seu ser, do seu eu maior, de sua essência.

Às vezes sentimos uma angústia por não estarmos fazendo o que gostamos e sim algo que nos foi imposto, sem nos darmos conta de que fomos nós mesmos que nos impusemos, como se tivéssemos um general dentro do nós ditando o que se deve fazer o tempo todo, "você tem que fazer tal coisa", "tem que fazer outra" e não conseguimos parar, não conseguimos ter tempo e vivemos correndo atrás dele, a fim de conseguir realizar tudo que planejamos para o dia.

Consequentemente, acabamos pensando mais, ficamos ansiosos, somos tomados por pensamentos obsessivos, repetitivos e até negativos de que algo vai dar errado. Como não conseguimos nos controlar, por termos a ideia de o sentimento ser mais forte, temos medo e nosso corpo libera cortisol, hormônio importante para proteger-nos.

Quando estamos ansiosos, a nossa mente entende que estamos sendo ameaçados. É como se estivéssemos preparados para um momento de fuga ou até de morte. Antigamente, quando a pessoa saía para caçar, esperava a presa em um estado de ansiedade. E esse estado de alerta era necessário, pois a situação resumia-se a matar ou morrer.

Ansiedade, nos tempos antigos, era um estímulo para a pessoa que estava caçando, deixava-a atenta, com a adrenalina a mil. Naquela época, a ansiedade era necessária para a sobrevivência; hoje, tornou-se um problema psíquico, um transtorno psicológico, que está relacionado à fuga de uma determinada situação, sem tentar resolvê-la nem dar-se conta de que não conseguirá resolver o problema enquanto esse pensamento não for real. Não é real, pois ainda não se concretizou; pode até parecer real, dado como fato. Devemos entender que não aconteceu, ou seja, não virou realidade. Talvez nunca vire e seja apenas imaginação.

Para entendermos como a ansiedade interfere na nossa vida, sugiro que façamos um exercício. Veja um pensamento que não quer sair de sua mente; alguma preocupação com algo ou alguém; alguma coisa que você tem medo. E pergunte a si mesmo: esse pensamento já aconteceu? Tem um período exato, dia e hora, que vai acontecer? Com certeza a resposta será não, porque não é real.

Uma pessoa ansiosa pensa nas possibilidades de algo dar errado. Imagina uma tela mental em que as coisas não saem como ela queria que saísse; preocupa-se com o futuro de forma negativa. Quando vier esse pensamento, mude o foco; pense em outra coisa. Faça esse exercício por 30 dias e verá que esse pensamento não vai incomodar mais.

Determine ser uma pessoa diferente, confie na vida, no que sente, entregue-se de corpo e alma àquilo que queira fazer, que se sente bem quando faz e terá mais motivação pela vida; vai sentir-se completo. A ansiedade vai desaparecer, pois confiará no seu instinto; na voz que vem do coração.

Como disse Steve Jobs, criador da Apple, aos formandos de 2005 da Universidade de Stanford:

> O segredo do sucesso é amar o que você faz. Ninguém deveria se contentar enquanto não achasse um trabalho que fosse sua paixão genuína. A única forma de se fazer um ótimo trabalho é amar o que você faz. Se você ainda não encontrou o que é, não sossegue.

Para sermos felizes, devemos viver bem. Isso inclui trabalhar com algo que nos dê prazer, que nos sintamos bem quando fazemos. Para ter sucesso na nossa carreira, devemos amar o que fazemos. Essa é a única forma de entregarmos o melhor de nós.

Quando você ama uma pessoa, dá o melhor de si, esforça-se, sente-se bem ao lado dela, tenta ser sua melhor versão, é dedicado, atencioso, e isso traz felicidade e bem-estar. Agora, quando não gosta de uma pessoa, não quer ficar perto, não vai entregar-se ou dedicar tanto tempo a ela. Se a odiar, é pior ainda. Pode ficar irritado e ter uma sensação de incômodo que pode chegar a manifestar-se no seu corpo físico.

É isso também que acontece no seu trabalho. Ao amar o que faz, vai entregar-se e os frutos virão rapidamente. Agora, se não gostar do que faz, nunca vai ser o melhor, dar o seu melhor; ao contrário, sentir-se-á insatisfeito, angustiado, contando as horas para chegar à sua casa.

Uma pesquisa da GALLUP – Consultoria Estratégica, Desenvolvimento de Liderança e Global Analytics mostra que 72% da população mundial não gosta do próprio trabalho. Desse total, 18% estão desmotivados, desinteressados e têm intenção de prejudicar a própria empresa onde trabalham. Isso equivale a uma em cada cinco pessoas no mundo.

O consultor e professor Raj Sisodia, da universidade americana Harvard, disse em uma palestra, no dia 08/05/2013, em São Paulo, que "as pessoas precisam trabalhar em algo que gostem". A pesquisa mostra que a maioria dos ataques cardíacos acontece na segunda-feira, pela manhã. Isso é sinal de que há algo errado.

Imagine como é o dia de uma pessoa que vai trabalhar em algo que não tem afinidade. Como consegue passar de oito a dez horas do seu dia no trabalho? Se contarmos entre uma a duas horas de trânsito, fica em média 12h do dia trabalhando, colocando sua energia em uma coisa que não lhe traz prazer, e que muitas vezes é o motivo do seu estresse ou o gerador de doenças.

Eu também passei por todo esse processo de fazer algo que no começo até gostava, mas logo me vi trabalhando só pelo dinheiro, sem coragem para largar tudo. Por isso, decidi escrever este livro para dizer que você não está sozinho, que estou aqui para ajudá-lo a mudar para a vida dos seus sonhos. Vou ensiná-lo passo a passo o que aprendi, o que demorei anos e anos para dar-me conta. Testei várias vezes e funcionou. Basta querer e ter coragem para largar o medo e as crenças limitantes.

Realize os exercícios que proponho no livro, como fizeram outras pessoas. Isso funciona! Vai entender a cada capítulo como se libertar de traumas, crenças que carregamos do passado que nos impedem de sermos nós mesmos; que nos impedem de termos a vida que desejamos. A partir de hoje, coloque uma porção de amor em tudo e vai notar a diferença. Confie. Pare de preocupar-se demais, de ser ansioso e perfeccionista. Acredite em você!

Para Sri Prem Baba: "A verdade é muito simples. A complexidade existe porque tentamos fugir da verdade". Muitas vezes queremos um presente lindo por fora, mas esquecemos que o importante é o que está dentro. Devemos parar de viver a cultura de uma pessoa bem-sucedida, sendo o que ela não é, mas sim fazer o que amamos, o que nos dá alegria, sem ter medo de errar, sem fugir de nosso destino, conectando-nos com a energia divina e ficando atentos aos sinais.

O segredo do sucesso é amor, disciplina e dedicação em tudo que se faz.

COMO AS CRENÇAS IMPEDEM NOSSOS SONHOS?

Como mencionei no capítulo anterior, desde crianças somos moldados a seguir determinado padrão social e, inconscientemente, vamos sendo manipulados e continuamos seguindo a mesma trajetória. Romper um padrão estipulado não é uma decisão fácil e, muitas vezes, vem carregada de sofrimento e incerteza.

Sabemos que o propósito de vida se manifesta na infância. Muito pequenos esboçamos quem somos pelas brincadeiras que escolhemos, pelas falas que temos, pelos desejos que expressamos. Porém, ao nos tornarmos maiores, nossas vontades são, de certa forma, podadas.

Perdemos a nossa essência e criamos, de forma inconsciente, uma personalidade diferente do que somos, modificando-nos mais uma vez para sermos aceitos. Quem não ouviu frases como: "é muito difícil, é impossível, é só uma grande fantasia, besteira, isso não dá dinheiro, escolha outra coisa melhor".

Pela preocupação de garantir um futuro próspero aos filhos, muitos pais, tios, avós incutiram em nós de que aquela escolha não era a melhor a fazer-se. E acreditamos, por serem falas vindas de pessoas que queriam o melhor para as nossas vidas. Longe de estarem erradas, tinham aprendido da mesma forma também.

Se a criança gosta de música e quer dedicar-se a ela, pode ter escutado "músico não ganha dinheiro", "escolha outra profissão", como se ser músico já não fosse uma profissão. Desejava ser jogador de futebol, o entorno familiar pode ter reprimido esse desejo, dizendo que era só um sonho que deveria pensar em algo que lhe desse dinheiro. Assim, passamos a vida correndo atrás de um modelo que o sistema acredita ser ideal, sem nos darmos conta de que não é real.

Essas falas incutidas durante anos criaram crenças, as quais passaram a fazer parte da nossa vida e a reger nossas escolhas. Se hoje somos adultos frustrados, são as crenças imperando em nossas vidas e não nos deixando ver com clareza o caminho a seguir para encontrarmos nossos objetivos e trabalharmos em prol deles.

Por isso é tão importante o autoconhecimento. Somente ao trabalharmos nossas crenças, mudamos a nossa realidade e começamos a interferir de forma proativa nas decisões que tomamos. Ao realizarmos uma conexão interna, com conhecimento, reconhecemos padrões que não são nossos e podemos trabalhá-los. Por consequência, também trabalhamos o medo que nos paralisa e a sensação de fracasso que nos aprisiona. Percebemos que a força está dentro de nós mesmos e apenas estivemos afastados dela por algum tempo. O pensamento é a nossa principal forma de aprisionamento. Se conseguirmos ressignificar o que nos soa negativo em algo positivo, a negação em afirmação, veremos que a mudança começará a acontecer antes do que imaginamos.

Muitos problemas de saúde que temos são resultado do que pensamos, principalmente as dores musculares, nas articulações, nas costas e em outros lugares. As dores aparecem e não entendemos o que há de errado; pensamos que é a idade. Até pode ser, só que pessoas com a mesma idade não estão assim. Então, o que é? É o tempo que deixamos de cuidar de nosso corpo, da nossa alimentação, de fazer esportes ou uma simples caminhada, pois nunca temos tempo para nós, para nossa família, para viajar e aproveitar a vida, para conhecermo-nos, para sermos felizes.

Algumas pessoas têm coragem e começam a perguntar-se sobre o porquê das dores, dos incômodos, procuram um especialista para conhecer-se melhor, para poder entender o sentimento de vazio ou até a ideia de solidão constante que nos invade vez ou outra. Como falei anteriormente, tudo isso acontece, pois carregamos crenças e medos que foram colocados na infância, que nos impediram de ser quem viemos ser no mundo, que nos impediram de sermos nossa melhor versão.

A culpa não é sua, nem de seus pais ou familiares; é do sistema em que estamos inseridos, que deveria ensinar-nos a sermos nós mesmos em vez de querer colocar-nos no molde. O adulto de hoje foi ensinado a buscar a felicidade em coisas externas em vez de buscar no seu interior, ignorando a pergunta: o que me faz bem? O que amo fazer?

A felicidade está na realização do espírito, nas pequenas coisas, em apreciar um dia de sol com amigos, em ir à praia, ou quem sabe ao cinema, em olhar as estrelas, em fazer o que dá prazer, o que amamos fazer e não o que os outros acham que é legal fazer.

A vida vai passando até o momento em que começa a surgir algo diferente. Começamos a perceber que a vida está tumultuada quando algumas coisas começam a dar errado, como se uma tempestade passasse pela nossa vida, deixando-a completamente sem rumo. Isso é um chamado à vida. Então, se mudarmos a nossa forma de pensar diante das situações, perceberemos que nossos sintomas são reflexo das más atitudes.

Não podemos mais ficar presos a situações externas; a falsas concepções de felicidade efêmera. É momento de entender quem somos e qual o nosso papel na história que estamos contando. E o enredo dessa história pode apresentar conflitos mal resolvidos. Talvez a simplificação da narrativa esteja no fato do personagem apenas apreciar um dia de sol, as estrelas do céu e as pessoas que estão ao seu lado.

E por falar em história, existe uma que gostaria de contar[1]. Jonas era um jovem que morava em uma aldeia da Galileia. Como qualquer jovem, ele era sonhador e queria fazer a diferença no mundo. Certa vez, ele teve um sonho de que mudaria o caminho da sua história.

---

1 Texto adaptado do Novo Testamento. Retirado do site: https://www.pregacaocrista.com/historia-do-profeta-jonas/. Acesso em: 19 de set. de 2020.

No sonho, Deus apareceu e pediu a ele que fosse até a cidade de Nínive para pedir às pessoas do lugar que parassem de cultuar deuses pagãos.

Ao acordar, porém, Jonas decidiu que não seguiria o que Deus pediu no sonho, porque não gostava das pessoas de Nínive. Então, pensou em enganar Deus entrando em um barco para seguir viagem para alto-mar. Só que Jonas não imaginava que seu caminho já estava traçado e não poderia fugir dele.

De repente, no meio do mar, uma forte tempestade começou. A tripulação do barco em que Jonas estava ficou desesperada. Se o mar continuasse agitado, o barco afundaria. Então, um marinheiro pediu a Deus que o ajudasse. Em resposta, Deus falou que Jonas deveria ser jogado ao mar para que seguisse o destino que havia sido traçado para ele. Diante da resposta divina, os marinheiros atiraram Jonas ao mar. E assim aconteceu. A tempestade cessou e a embarcação continuou seu trajeto.

Assim que saiu do mar, seguiu para Nínive levando consigo a mensagem divina. Ao contrário do que imaginava, ao chegar à cidade foi bem acolhido, pois sua história já tinha percorrido os mares. Ele sentiu-se feliz e realizado por ter cumprido seu destino.

Metaforicamente, a história de Jonas traz uma mensagem importante para que tenhamos condições de entender a que viemos e qual o nosso caminho. Ao referir-se a Deus, que aparece nos sonhos de Jonas, simbolicamente a história menciona o "eu" interior de cada um de nós, o Eu Superior, como é denominado em algumas religiões, a nossa intuição, a voz que vem do coração dizendo-nos o que realmente devemos fazer.

Jonas representa cada um de nós correndo para o lado oposto dos nossos sonhos por medo de deixarmos o que temos ao encontro do desconhecido. A tormenta que ele enfrenta aparece em nossa vida também. Sabe quando tudo dá errado e você insiste em seguir adiante? Quem sabe deva parar e olhar para os lados. Muitas vezes está fazendo o oposto do que gostaria de fazer, por isso a vida torna-se um fardo pesado para carregar. A tormenta pode vir de forma leve como um resfriado, uma queda ou alguma doença. Essas são formas que a vida tem de dizer-nos: "Acorda! Acorda! Esse não é o seu caminho. O que você ama fazer?".

Então, o que a parábola nos traz de ensinamento? Jonas, ao entrar no barco, estava indo para o lado contrário do seu propósito, como se tivesse um véu diante dos olhos que não o deixou compreender a sua real missão. Afinal, era mais fácil fugir do que ir a uma cidade desconhecida levar um recado. Ele sentiu medo de que alguma coisa acontecesse e isso o bloqueou.

As ondas gigantes representam os problemas que enfrentamos e não vemos a solução. Diante delas, temos que mudar a direção do barco, olhar para dentro de nós mesmos e ver onde estamos errando. Fazer uma autoanálise para entender o que temos que deixar para trás ou atirar ao mar; o que devemos mudar para atingirmos nossos objetivos.

Existe sincronia em tudo que vivemos na nossa vida. E isso se mostra de diversas formas; são muitos os sinais que são dados, por exemplo: uma pessoa, um nome, um sonho, uma música, um comercial na TV ou as páginas de um livro.

Agora, quero que façamos um exercício. Pense em algo que queira muito fazer e ainda não fez. Veja o que essa voz fala para você. "Você não vai conseguir! É difícil! Poucos conseguem. Você é incapaz. Isso é uma ilusão". Ou "e se": "E se tal coisa acontecer? E se não der certo?" Reconheceu-se em algumas dessas falas?. Caso tenha se reconhecido, são as crenças que ganharam voz em seu pensamento.

Imagine agora uma viagem que tanto queria fazer e estava com pouco dinheiro na época. Como era jovem e queria aventurar-se, o dinheiro não se tornou empecilho e tudo deu certo; até melhor do que imaginava. Sabe por quê? Porque acreditou e não se preocupou. Foi confiando que tudo daria certo e deu. Provavelmente, na ocasião, foi chamado de inconsequente, louco e irresponsável; porém, só criou a realidade e ela aconteceu.

Enfim, tudo que nos deixa impossibilitados, mesmo que por um dia, é um chamado da vida para que façamos uma autoanálise e vejamos o que deixamos de fazer ou o que estamos fazendo. É a maneira que o nosso corpo tem de mostrar qual o caminho, como se ele estivesse dando um tempo para revermos nossa trajetória de vida e seguirmos em frente, com o que é necessário para a nossa evolução.

Como parte do universo, e em constante movimento, atraímos o que desejamos, de forma consciente ou inconsciente. Por isso, vibre positivamente para criar o mundo dos seus sonhos.

O QUE VIM FAZER NESTE MUNDO?

Quando compreendemos que devemos observar a sincronicidade da vida, ela se torna mais leve. Ao exercemos o que nos faz felizes, tudo fica mais colorido, porque a vida traz o que precisamos sem esforço, e a prosperidade reina. Afinal, estamos alinhados com a nossa essência e sentimo-nos realizados, em harmonia com a vida.

Seja qual for o propósito, é um canal do amor, que pode manifestar-se de diversas formas, nos diferentes trabalhos. Desvendar o que amamos fazer não só está relacionado ao trabalho, mas a como vemos o mundo, em uma nova forma de vida em que somos os protagonistas, assumindo nosso papel principal, reconhecendo nossos desejos, nossas vontades e projetando nossos sonhos.

Para que possamos compreender melhor o que sentimos, vou propor um exercício. Feche os olhos e faça dez respirações profundas para acalmar a mente.

Fase 1

Imagine-se criança, vestindo a sua roupa favorita, no lugar onde mais gostava de ficar. Tente sentir o aroma que essa imagem lhe traz, olhe para seus pés, veja se está calçado ou descalço. Se estiver calçado, veja a cor, sinta o perfume que costumava usar.

Depois de mentalizada a situação proposta, responda às perguntas a seguir:

- **Qual a brincadeira de que mais gosta?**
- **O que você diz que vai ser quando crescer?**
- **Qual é o seu herói favorito? Por quê?**
- **Quais as qualidades que seu herói tem?**
- **O que mais você gosta de fazer? Por quê?**
- **Quem você admira?**

Fase 2

Volte à fase atual de sua vida e tente responder às seguintes perguntas:

- **Sente-se realizado na vida? Por quê?**
- **Você faz tudo que deseja? O que o impede?**

- O que gosta de fazer?
- Em que trabalharia se tivesse muito dinheiro? (talvez a maioria viajaria, compraria imóveis, carros..., mas a pergunta vai além. Em que trabalharia em suas horas vagas, com amor? Afinal, já tem dinheiro para o que quiser).
- O que você não consegue deixar de fazer? (não por obrigação, mas porque gosta).
- O que o agrada em seu trabalho? O que não gosta nele? Se pudesse, o que mudaria?
- Quais são os seus dons ou talentos? (ou seja, o que você faz bem, tem facilidade e sabe que faz bem porque gosta de fazer).

Respostas da Fase 1

Imagine que tenha falado que, quando era pequeno, gostava de brincar de médico e você era o médico. Isso quer dizer que gosta de ajudar as pessoas, pois o médico cuida das pessoas, curando-as. Então, todo trabalho relacionado a auxiliar pessoas, a ser útil, de alguma forma, está dentro do propósito de sua alma, como, por exemplo: psicólogo, advogado, terapeuta, professor, médico, enfermeiro, dentista, nutricionista. Enfim, todas as profissões que envolvam o amparo às pessoas.

Com essa informação, faça uma lista e coloque todas as profissões que tenham essa função. Ao olhar para a lista, comece a identificar-se com algumas. A profissão pela qual você tiver mais interesse, maior afinidade, é a que deve seguir como carreira.

Creio que já achou ou está pertinho do seu propósito. Se conseguiu encontrar o que procurava, siga em frente. Se estiver perto, vá mais fundo na profissão com a qual mais se identificou. Explore todas as ramificações para ver se consegue identificar-se com algumas delas. Mas se ainda há uma voz que diz que não é por aí, tenha calma e esteja atento aos sinais que a vida lhe mostrará.

Vou dar um exemplo pessoal para ficar mais fácil o entendimento. Quando criança, eu gostava de ficar olhando as estrelas. Perguntava a mim mesma se existia vida em outros lugares e como seria legal se pudesse conhecê-los. Por isso, queria ser astronauta para pesquisar esse universo (o propósito manifestando-se). Um dia falei para minha mãe que queria ser astronauta e ela me disse: "para ser astronauta, você vai ter que fazer vários testes e tomar muitas vacinas bem grandes na bunda". Como eu fugia cada vez que precisava tomar uma vacina, decidi que não queria ser astronauta.

Eu também brincava muito de veterinária quando era pequena. Amava cuidar de passarinhos quando os encontrava no chão, doentes, ou de qualquer animal que precisasse de cuidados. Amava os animais (o propósito manifestando-se). Naquele período, morávamos no Uruguai. Como lá existiam grandes fazendas pecuaristas, as pessoas faziam veterinária para cuidar do gado, de cavalos, ovelhas e bezerros das suas fazendas.

Lá fui novamente: "mãe, quero ser veterinária!". Ela me olhou e, com a maior inocência, disse: "para que vai estudar Veterinária se não temos fazenda para você trabalhar? Se fizer Veterinária, não vai ter trabalho. É melhor escolher outra coisa". Assim ela foi, de forma inconsciente, bloqueando meus propósitos. Claro que sem intenção. Ela não sabia; não entendia sobre propósito de vida.

Hoje entendo que me amava muito e que não sabia, de fato, que estava fazendo isso. Afinal, a maioria das famílias não está preparada para apoiar os filhos nas suas jornadas de vida. Infelizmente, existe falta de conhecimento sobre a maneira de incentivar os filhos nos seus objetivos.

Diferentemente da realidade da minha mãe, hoje, como adulta, tenho conhecimento para ajudar o outro a crescer, assim como também você o tem. Como pai, mãe ou responsável por uma criança, temos que aprender a escutar o que nossos filhos têm a dizer. Devemos auxiliá-los para que não se tornem pessoas frustradas ou sem metas na vida. Hoje você, assim como eu, somos responsáveis por fazer a vida do outro diferente da nossa, revendo o que nos fez mudar nossa trajetória.

Meu primeiro sonho era ser astronauta. Você se lembra? E o que significa esse sonho na minha vida? Na verdade, expressava o desejo de ser uma pesquisadora, uma desbravadora do espaço. Exatamente o que sou: uma desbravadora do mundo desconhecido da mente. Hoje viajo para conhecer cada galáxia desconhecida que existe dentro de nós. Em vez de andar pelos planetas, como queria quando criança, faço uma viagem para o meu mundo desconhecido, para compreender-me melhor e ajudar as pessoas a se compreenderem.

Assim também aconteceu com o meu sonho de ser veterinária. A veterinária ajuda os animais e os donos deles a ficarem melhor. Como *coach*, terapeuta, escritora e empresária, exerço essas funções também. Tenho como meta curar as feridas da alma, que estão escondidas no inconsciente, que é um lugar desconhecido e pouco explorado, tal como o céu que queria conhecer. Veja como nossos desejos entrelaçam-se e se manifestam quando somos ainda crianças.

Agora é a sua vez. Pense no que você gostava de brincar quando criança, o que você sonhava ser quando crescesse e coloque no papel os atributos dessa profissão. Releia as respostas e reflita sobre o que você faz por amor e o quanto está satisfeito no seu trabalho.

Se a resposta for satisfatória, você atingiu seu propósito. Se a resposta não for a esperada, repense sua vida e seu objetivo diante dela, porque às vezes queremos algo que não está conectado com a nossa essência; com a nossa verdade. Investimos nosso tempo, nossa energia em algo que não nos dá satisfação, fazendo-nos viver uma vida mais ou menos, em vez de termos a vida de sonhos.

Para H. Jackson Brown: "Não abandone um sonho só porque vai demorar para acontecer. O tempo vai passar do mesmo jeito". O importante é sair da inércia para não perder as oportunidades que a vida lhe oferece. Faça a mudança quando se sentir preparado, desde que não fique a vida toda esperando estar preparado, pois essa pode ser uma armadilha da incerteza e do medo de não conseguir, de falhar em seus desígnios.

Respostas Fase 2

O ser humano está em constante evolução. É comum gostar de alguma coisa hoje e, depois de um tempo, não gostar mais, querendo algo melhor. Por isso, em relação à pergunta: "você gosta do seu trabalho?", não tem problema se responder que no começo adorava e hoje não gosta mais, pois isso é normal. Somos pessoas que evoluímos incessantemente, crescemos e mudamos a forma de pensar e agir.

Quando eu era mais jovem, gostava de viajar para conhecer os lugares. Em uma dessas viagens, comecei a trabalhar com turismo, pois percebi que era um ramo rentável e que teria a oportunidade de ganhar muito dinheiro se conseguisse montar a minha agência de turismo. Conheci Itacaré, uma cidade paradisíaca, pela qual fiquei encantada. Algo me dizia que deveria instalar ali minha agência de turismo. Na verdade, naquele momento, tinha o sonho de ser empresária. E realizei o sonho.

Quando consegui montá-la, senti-me realizada. Por alguns anos, aquela foi uma experiência maravilhosa na minha vida. Só que algo ainda me incomodava. No meu íntimo, sabia que não era isso que eu queria. Talvez só continuasse o negócio com o objetivo de ganhar dinheiro, de ter uma boa posição econômica. Então, comecei a buscar algo que me deixasse realizada. Além da agência de turismo, arrendei uma pousada. De certa forma, a nova realidade tornou-me feliz por um tempo. A pousada e o contato com as pessoas que passavam por ela eram gratificantes; porém, o vazio interior continuava.

Tinha tudo para ser realizada: uma agência de turismo que prosperava e uma pousada. Juntando as propriedades, tinha uma renda muito boa, mas não compreendia o vazio dentro de mim. "Por que me sentia assim?" Sempre me perguntava e não encontrava a resposta. "O que faltava na minha vida?"

Para entender o que era aquele vazio que sentia, tomei coragem para abrir os porões do inconsciente e senti um chamado: era a vida pedindo-me para que eu mergulhasse fundo e descobrisse qual era o meu problema. Entendi que não era medo, mas falta de analisar a minha vida e pensar no que realmente gostava de fazer.

A resposta veio com o tempo, depois de muitos cursos e retiros de autoconhecimento. De alguma forma, a vida foi me encaminhando para o meu encontro íntimo. A cada pergunta que fazia, uma resposta era dada. Um sinal que vinha de vários lados e de muitas formas, pessoas, lugares, um texto que lia sem ter a intenção de ler, um sonho, uma conversa. Em silêncio com meu "eu interior", descobri a que vim ao mundo; encontrei meu propósito ou, pelo menos, parte dele.

Não devemos desistir da vida e dos nossos propósitos. Menos ainda achar que finalizamos a carreira ao aposentar-nos. A vida oferece oportunidades novas sempre, basta que olhemos como observadores as situações que acontecem e façamos delas novas oportunidades para nós mesmos.

A auto-observação, aliada à persistência e à disciplina, é a chave para mudar um comportamento indesejado.

O QUE FAZER PARA QUE NOSSO PROPÓSITO REALIZE-SE?

Como mudar as repetições de padrões e de crenças que trazemos de nossos familiares? Como colocar o comportamento desejado na hora certa? Para saber essas respostas, devemos compreender como funciona o processo de aprendizagem, ou seja, como aprendemos os comportamentos que temos hoje, que se tornaram hábito; uma resposta praticamente automática. Assim, saberemos como mudá-los, colocando no lugar um novo comportamento; um novo hábito.

Nós, seres humanos, aprendemos por duas formas. A primeira é observando e repetindo até ficar gravado na mente; a segunda, pela emoção, sentimento muito forte, um fato que nos marcou muito e que entra de forma instantânea na nossa mente, de forma positiva ou traumática.

Ao longo da nossa vida, como se estivéssemos em frente a um espelho, sem que tivéssemos consciência, observamos os comportamentos e repetimos as crenças de nossos pais ou pessoas próximas. Portanto, se não mudarmos comportamentos que reprovamos em nossos familiares e que estão em nós, vamos passar para nossos filhos, pois também seremos seus espelhos.

Agora que entendeu como aprendemos, como formamos nossos comportamentos, fica fácil compreender que muitas vezes agimos e reagimos da forma oposta a como gostaríamos, como se estivéssemos no automático, sem pararmos para pensar. Por isso, atrevo-me a dizer que parecemos robôs andado por aí, reproduzindo comportamentos, – e o pior –, acreditando que é nossa forma de ser ou nossa característica.

É importante que percebamos quais são os comportamentos e as crenças que carregamos desde a infância para que possamos entender que não nos pertencem e que podemos mudar nossa forma de pensar e agir diante das situações desafiadoras.

Vamos a mais um exercício. Para realizá-lo, procure um lugar calmo, onde possa ficar sozinho. Pegue um caderno ou algumas folhas e uma caneta. Feche os olhos e faça entre dez a 15 respirações profundas para acalmar-se. Pense em quais são os comportamentos que deseja mudar, dos quais não gosta ou que sabe ter copiado de algum membro da sua família. Escreva-os no papel e descreva em que situação, com qual atitude ou sentimento esse comportamento indesejado aparece. Exemplo: comportamento (explique o comportamento: quando percebo que perco o controle da situação, reajo gritando, esperneando, xingando etc.). Esse comportamento é parecido ou igual a (nome da pessoa de quem copiou esse comportamento).

Após escrever todos os comportamentos que deseja mudar (mesmo se não lembrar quem tinha tal comportamento), faça a parte mais importante. Toda vez que repetir o comportamento, sentimento ou hábito, comece a raciocinar, a dialogar consigo de forma lógica e compreenda que esse comportamento não é seu, apenas copiou. Em seguida, repita a frase: "hoje eu me liberto de continuar repetindo esse comportamento. Ele não é meu; eu escolho" (descreva como quer se comportar, como deseja ser).

O importante é se auto-observar e, toda vez que se pegar agindo de forma indesejada, repetindo aquele velho padrão que não é seu, dizer a frase mencionada. Se fizer o exercício no mínimo de 30 a 60 dias, que é o tempo que demora para criar um hábito novo, vai mudar seu padrão comportamental.

Qual a diferença entre sonhar pequeno ou grande se é só um sonho? Nenhuma. Então, sonhe grande; pense grande.
A vida é do tamanho dos seus sonhos, basta acreditar.

O QUE NOS IMPEDE DE REALIZAR NOSSOS SONHOS?

Muitas vezes começamos a organizar-nos e acabamos desistindo ou prorrogando a realização, pois escutamos uma voz que vem lá de dentro da nossa mente: "é impossível conseguir, não sei fazer, vou errar, eu sou burro mesmo, não vai dar certo, vai dar muito trabalho ou depois eu termino". Esses pensamentos são nossos sabotadores. Os "nãos" que temos guardados dentro de nós e que são os responsáveis por nossas desistências impedindo-nos de chegar ao objetivo desejado.

Quando éramos crianças, disseram-nos palavras que, de alguma forma, impediram-nos de ser e vibrar na nossa missão. Palavras que agiram de forma negativa, ocasionando traumas que estão guardados no nosso inconsciente, reprimindo-nos e nos impedindo de realizarmos nossos sonhos.

Quem já não ouviu, por exemplo: "tem que trabalhar muito para ter dinheiro; você não pode ser professor, pois vai morrer de fome; se não se formar, não vai conseguir um bom emprego; se não estudar, vai ser um ninguém na vida; você é gordo; não faz nada direito". No meu caso era: "você não escreve bem, tem muitos erros ortográficos, é estabanada, é gordinha; ou se você não se formar na universidade, não vai ter dinheiro, não será ninguém na vida". Esses "nãos" estão registrados no nosso inconsciente e agem em nossa mente sem que percebamos.

Sabe por que esses "nãos" agem de forma tão poderosa? Quando éramos crianças, a autoridade era a mãe, o pai e as pessoas da nossa família. Para nós, eles eram o mundo, sabiam tudo, foram as pessoas nas quais nos espelhamos e sempre acreditamos que estavam certas. Então, tudo o que falavam era lei e, de tanto repetirem alguma coisa, acabamos acreditando que era verdade.

Lembra daquele amigo que, na sua infância, sempre zombava de você? Chamando-o de feio, gordo ou quatro-olhos? Muitas vezes, de tanto essa pessoa repetir esses xingamentos, acabamos acreditando ser realmente assim e sentimo-nos mal; ficamos com baixa autoestima. No final das contas, acabamos gravando essa imagem no inconsciente como um "não", pois acreditamos no que falaram: "não me sinto lindo, sou feio" e por aí vai. Agora temos o poder em nossas mãos, porque conseguimos entender que essas frases não representam a verdade. Somos únicos do jeito que somos; ninguém é igual a outra pessoa.

Vamos a outro exercício. Encontre um lugar calmo na sua casa; um cômodo onde possa realmente ficar sozinho. Feche os olhos e faça entre seis e dez respirações profundas. Em cada inspiração, sinta que entra uma luz dourada preenchendo todos os seus órgãos, as células do seu corpo com amor; a cada expiração, são eliminadas todas as tensões.

Sinta que a cada respiração está mais relaxado. Volte à infância ou adolescência, reveja cenas em que se sentiu reprimido por alguém, por falar algo que o machucou; todas as vezes em que se sentiu machucado, ferido, com raiva de alguém. Escreva tudo em um papel.

Leia a primeira lembrança de um "não" recebido, que anotou no papel, e se permita sentir o que vier, com toda força: raiva, angústia, vontade de chorar, gritar, chutar. Faça tudo isso para liberar essa energia negativa que ficou guardada no seu passado. Compreenda que a pessoa não teve a intenção de magoá-lo; era o melhor que sabia fazer naquele momento. Provavelmente, foi ensinada dessa forma, assim como você, mas o ama e teve apenas a intenção de ajudá-lo a melhorar naquele aspecto, fazendo isso da forma que acreditou ser a correta.

Perdoe a todos que possam tê-lo magoado. Com todo o seu amor, coloque-se no lugar deles, percebendo que queriam educá-lo. Por amor, perdoe-lhes para que a cura seja completa e se visualize em uma bolha de amor.

Pense em todas as vezes que teve um não para seus desejos na sua infância, para algum sonho, para alguma coisa que queria fazer, que amava fazer; aqueles nãos que podem estar travando o seu propósito de vida. Ao encontrá-los, converse com essa criança, hoje adulta, e entenda que esses nãos foram falados por pessoas que você ama e que acreditavam estar fazendo o melhor. Hoje você escolhe abandonar essas memórias, escolhe deixar de lado os medos, aquela voz que vem do interior trazendo pensamentos contrários. Enfrente essa voz dizendo "eu sou capaz, eu consigo, eu posso".

Volte no tempo quantas vezes forem necessárias. Se notar que ainda guarda algum sentimento de raiva, ódio, angústia ao lembrar-se da situação, faça de novo. Se possível, no mesmo dia ou no próximo, mas não deixe de fazer para libertar-se por completo desse trauma. Como a lista pode ser grande, separe de dez minutos a uma hora por dia para trabalhar com os nomes que constam nela.

Ao lembrar do fato ocorrido, estamos trazendo à tona as dores que nos impedem de realizar os nossos sonhos. Temos que nos libertar dessa dor e entender que ela está no passado e não faz mais parte de nós. Os "nãos" são feridas guardadas no passado influenciando o presente.

Pense numa pessoa que acredita que é incapaz, que não faz nada direito, com um "não" reprimindo a sua capacidade. Ela pode ter problemas no emprego, já que sempre vai ter medo de errar ou fazer tudo de novo, porque vai achar que nunca está bom o suficiente. Como ela tem a crença, imagine a carga que essa pessoa leva nas costas, sempre se achando inferior aos outros, comparando-se com pessoas de sucesso, sem nunca tentar algo novo.

Temos vários "nãos" e um deles pode ser para o dinheiro. Temos uma crença com relação ao dinheiro. Peço que volte ao passado e lembre de como era tratado o tema dinheiro na sua casa. Era escasso ou falavam que era preciso trabalhar muito para tê-lo? Fluía em abundância? A sua família acreditava que dinheiro era do mal? Mandava você lavar as mãos após tocá-lo, falando que era sujo? Enfim, procure lembrar-se de como era a relação com o dinheiro na sua família e veja se esses padrões estão repetindo-se agora na sua vida. Reflita sobre tudo aquilo que acredita sobre o dinheiro, o que ouviu seus pais falarem ou como os viu agirem em relação a isso.

Vou dar alguns exemplos: "não tenho dinheiro para nada; o dinheiro nunca sobra; é preciso trabalhar muito para ter dinheiro; nasci pobre e vou morrer pobre; quem tem dinheiro não presta; quanto mais ganho, mais gasto; sempre gasto tudo o que tenho; trabalho o dia todo e não sobra nem para pagar as contas; o dinheiro não dá em árvore; o dinheiro não é fácil", e assim vai.

Esses são alguns exemplos de crenças que foram incutidas, dia após dia. Aprendemos por repetição e hoje podemos estar passando por problemas financeiros por esse motivo. Não há mal algum em gostar de dinheiro; ao contrário, ele nos ajuda a realizar nossos sonhos e desejos, por isso dou tanta ênfase a essa parte.

Vou propor mais um exercício. Pegue um papel e escreva todos os "nãos" que você tem sobre dinheiro. São muitos, não é? A crença inconsciente de que tem sobre o dinheiro, herdada de seus pais, foi o que modelou esse resultado. Por esse motivo, o dinheiro pode vir de forma escassa, depois de muito esforço ou muitas horas de trabalho.

Uma pessoa que tem crenças negativas em relação ao dinheiro vai querer ter dinheiro, mas ele vai fugir de suas mãos, pois, inconscientemente, está fazendo movimentos para livrar-se dele, já que é sujo ou porque é a raiz de todo o mal, como pode ter escutado e gravou.

Agora pense em uma pessoa que viu seus pais trabalharem muito, o dia todo. No final do dia, ao chegarem a casa, reclamarem do trabalho e do fato de não gostarem dele, ou do chefe, que é isso ou aquilo e que, se tivessem a opção de trocar o seu emprego por outro o fariam; só não deixavam o emprego por ganharem bem. E repetem que trabalham o dia inteiro e o dinheiro só dá para pagar as contas, porque gastam demais. Qual é a mensagem que uma criança consegue identificar ouvindo essas palavras? Que trabalho serve para ganhar dinheiro, não importando se você gosta ou não de fazê-lo.

Há grande possibilidade dessa criança tornar-se um adulto que trabalhe em algo de que não gosta, ou sendo desmerecido por chefes abusadores e não tem coragem de deixar o emprego. Afinal, para ele, é normal sentir essa insatisfação, pois foi assim que aprendeu. Você entende como estamos arraigados às nossas crenças?

Pense positivamente para atrair o que deseja de forma rápida e eficaz. Esse é o segredo.

QUEM SOMOS DE VERDADE?

Da infância à vida adulta, passamos por muitas mudanças. Do zero aos três anos, somos um livro em branco, um computador sem programas, agimos e reagimos da forma que sentimos vontade. Conforme vamos crescendo, a nossa família começa a dizer o que é certo ou errado e reprime certos comportamentos, por serem inoportunos ou inadequados. Dessa forma, somos moldados como a sociedade determina.

Aprendemos a controlar nosso comportamento, porque assim convém; a calar em vez de posicionarmo-nos; a abaixar a cabeça diante de uma autoridade; a sempre ser o melhor, mesmo quando não conseguimos acertar; a esperar sempre um gesto de aprovação. Como disse Sri Prem Baba, "nos tornamos escravos por uma migalha de amor".

Assim, vamos moldando-nos aos desejos de outras pessoas e, sem nos darmos conta, criamos uma nova *persona* ou (máscara), que só existe para agradar aos outros: a família, os amigos, o namorado ou esposo; tudo por amor para sentirmo-nos amados. Sendo da forma que eles querem, acreditamos que vamos ser aceitos, só que aí está o perigo. Se o tempo todo somos outra *persona* (máscara) para satisfazer as pessoas que nos rodeiam, acabamos nos esquecendo de quem realmente somos, do que gostamos, do que é importante para nós. E fazemos força para sustentá-la, pois conseguimos o que queríamos com ela (máscara), sem nos darmos conta de que estamos agindo contrário ao que somos; carga que se torna insustentável com o passar do tempo.

Carregamos essas máscaras por acreditarmos que, se formos nós mesmos, do jeito que queremos ser, não seremos aceitos. De certa forma, tememos ser rejeitados; temos perder o amor das pessoas, sem nos darmos conta de que o amor vem de nós; de aceitarmo-nos como somos. O outro pode amar-nos, mas devemos ter cuidado para não depender desse amor, pois somos seres completos e quem deve dar-nos amor somos nós mesmos, na forma de cuidado, valorização e proteção. O amor do outro deve vir apenas para somar.

A máscara é um recurso poderoso que encontramos para lidar com as situações na vida adulta. Quando percebemos a força que ela tem, apropriamo-nos desse recurso e passamos a usá-lo. Quando queremos algo, já aprendemos como colocar uma máscara e conseguir. Sabemos como devemos pedir, articular o tom de voz, o comportamento para conseguir o alvo esperado.

Na Grécia Antiga, a máscara era utilizada no teatro. Quando falo sobre a máscara que cada um de nós carrega, refiro-me à *persona*. Carl Jung acreditava que a *persona* é um indicador da personalidade. Porém, temos que ter o cuidado para não confundirmos personalidade com identidade.

A identidade é única do indivíduo, singular, própria; já a *persona* (máscara) é o que representamos perante a sociedade, amigos e família; os papéis que temos. A personalidade (máscara) emocional forma-se cedo, com as carências emocionais. Ela é feita para agradar, primeiramente, para suprir essa carência. Uma das maneiras que o ser humano utiliza para não sentir dor é encobrir os sentimentos. É uma forma de proteção que a pessoa usa para ser aceita; amada.

Se a máscara funcionar, ela vai ser repetida, pois a pessoa conseguiu o que queria e, ao entrar nesse padrão de repetição, vai identificando-se cada vez mais com essa máscara, até chegar a acreditar que é a sua verdade, por estar tão envolvida e repetir tanto o papel que acredita sê-lo. "Uma mentira contada 1000 vezes torna-se verdade", assim diz o ditado popular.

O nosso cérebro não sabe o que é real ou imaginário; portanto, quanto mais repetir a mesma ideia, ele vai acreditar que é verdade. Ao repetir, repetir e repetir a mesma máscara, acreditamos que somos desse jeito e passamos uma vida carregando uma imagem que não é nossa. Muitas vezes fica difícil saber identificá-la, pois estamos tão apegados a ela que acreditamos sermos nós mesmos que ali estamos, só que não é a realidade.

Uma forma de identificar uma máscara é perguntar-se se realmente quer ser ou agir daquela forma em determinada situação, ou se está agindo assim porque sabe que vai ser aceito, tem medo de dizer não, medo de agir do jeito que deseja, de perder alguma amizade ou namorado. Se a resposta for que tem medo, então é uma máscara. Geralmente esse tipo de pessoa não tem tempo para si, para olhar-se e entender; sempre coloca os outros na frente dela, as vontades dos outros; por último, suas vontades.

Em uma relação amorosa, o uso de máscaras é algo que sempre, ou quase sempre, acontece. Por exemplo, um que aceita tudo do outro para não brigar, por mais que tenha vontade de falar que não, ou de dar a sua opinião com relação a algum fato, acaba calando-se e deixa a outra pessoa decidir. Cala-se perante suas vontades, seus desejos, até chegar uma hora em que não aguenta mais e grita, esperneia, chora ou guarda mágoas, engolindo a seco, o que pode acarretar até em alguma doença.

Esse é um exemplo típico de máscara de submissão. E qual é o benefício que se ganha? Uma ideia falsa de amor é o que se ganha em troca. Mas somente nos respeitando, amando-nos, seremos respeitados e amados pelo outro. Temos que ter coragem de mostrarmos ao outro como somos, sem máscaras. Muitas relações vão esvaindo-se com o tempo porque não sabemos lidar com as máscaras que vestimos e, em determinado momento, temos que retirá-las. Elas saem, mas as marcas em nós e no outro sempre ficam.

Ao longo da vida vamos acumulando máscaras que são utilizadas nas diferentes situações, sem que as percebamos, sempre no intuito de agradar o outro. Até que chega um dia em que nos sentimos cansados, com todas as diferentes máscaras que criamos. Então entramos em colapso, perdemos a nossa identidade ou acabamos ficando doentes, pois já não aguentamos mais a dor de ser o que não somos. Quando chega a esse ponto, fica difícil saber quem somos realmente e, muitas vezes, acabamos fechando-nos para a vida, pois não conseguimos (re)conhecermo-nos.

Para rompermos com essas máscaras e sermos nós mesmos, só existe uma forma, como o filósofo Sócrates disse: "Conhece-te a ti mesmo". Cada vez que nos pegamos utilizando a máscara, digamos a nós mesmos que não queremos mais utilizá-la e coloquemos a imagem de como queremos agir na próxima vez, pois estamos dando o comando para o cérebro mostrando a atitude que queremos ter. Assim ensinaremos a ele como deve ser de agora em diante.

Mesmo que ele demore em torno de 30 dias para adaptar-se, até atender ao nosso comando e a resposta vir de forma automática e a máscara desaparecer, seremos quem somos, sem precisarmos fingir nada a ninguém nem a nós mesmos. E aí a mágica acontece. Desabrochamos camada por camada, começamos a deixar cair máscara por máscara, até conseguirmos chegar ao nosso eu, nossa essência, que nos traz a felicidade plena.

Busque identificar tudo o que você ama fazer e entenda por que não está fazendo. Por medo, por falta de tempo, pelo que os outros vão pensar. O que te impede de ser você mesmo? Procure entender quem é você hoje e quem era antes; o que mudou e o que gostaria de retomar, de voltar a ser.

Tome um tempo para responder às perguntas, pois será uma máscara que vai compreender. Muitas vezes está utilizando-a sem saber; quem sabe é a máscara de forte, bem-sucedido, sem tempo para nada, sem tempo para fazer o que ama fazer. A máscara representa que você tem domínio sobre a matéria, pois acredita que se tiver será feliz.

Claro que viver na miséria é algo infeliz. Viver sem dinheiro para comer ou não ter uma casa é algo que traz infelicidade. Só que, após o ser humano ter suas necessidades básicas satisfeitas, ele sempre quer mais. Fica em uma busca incessante, sem se dar conta de que nessa hora deve fazer o que ama. A busca deve ser esta.

A seguir, as máscaras mais frequentes (pois existem vários tipos) para ajudá-lo a identificar-se com algumas ou com todas. Sempre há algumas que utilizamos mais que outras.

Máscara da vítima

A pessoa que usa a máscara de vítima está sempre reclamando da vida, de tudo o que lhe acontece.

A culpa é de outra pessoa; nunca é dela. Sente-se vitimada diante das situações. Quando você está contando um episódio de sua vida, coloca a máscara de vítima e a interrompe dizendo que o seu caso é pior, sentindo prazer em ser vítima.

Sabe aquela pessoa que às vezes faz-se de doente para conseguir o que quer? Se as coisas não forem do seu jeito, fica realmente doente e, em alguns casos, pode até morrer. Infelizmente, é dessa forma que aprendeu a conseguir amor. Está sempre implorando um olhar, um pouco de atenção, colocando-se como vítima do mundo. Mas tome cuidado: as vítimas são controladoras. É como se dissesse "se não é do meu jeito, não brinco mais", entendeu?

A seguir, alguns exemplos de frases de quem se coloca como vítima:

- *"Tenho dor de barriga, não posso ir para a escola."*
- *"Meu filho, você não pode morar em outra casa, pois sou doente. Quem vai cuidar de mim?"*
- *"Não vá viajar, pois sou doente. Quem vai cuidar de mim? Só você sabe cuidar bem de mim."*
- *"Sempre tem que ser do seu jeito."*

- *"Estou sem trabalho, porque nos dias de hoje está difícil. Há muitos desempregados. A culpa é do governo."*
- *"Está difícil ganhar dinheiro no meu negócio. Afinal, o país está em crise."*
- *"Você sempre tem a razão. Eu não sou nada mesmo."*

Para libertar-se dessa máscara, reconheça em que situações a usa, em que momentos e lugares específicos, com qual ou quais pessoas. Assim que descobrir, reconheça suas atitudes e pare de culpar os outros; coloque a mão na massa; pare de fazer-se de coitada, de vítima. Se o problema é sobre emprego, especialize-se mais, entregue mais currículos. Acredite que vai conseguir um bom emprego e procure que vai achar. Se o negócio anda mal, tente mudar a estratégia para atingir o público. Olhe negócios similares ao seu e veja o que dá certo neles. Não utilize a doença para controlar os outros. Afinal, a vida deles precisa ser vivida por eles.

Mude a energia de reclamar para mexer-se. É claro que existe um ganho em reclamar: você fica confortável, na forma em que está, sem ir atrás da sua vida. No entanto, precisa reconhecer que esse ganho é fictício; na verdade, só você perde com essa apatia.

Máscara do executor/forte

A pessoa que usa essa máscara é aquela que se julga forte, capaz, boa em tudo que faz, autossuficiente, poderosa, realizadora, perfeccionista. É a pessoa que olha o mundo com superioridade; faz com que a pessoa ao seu lado se sinta inferior. É uma pessoa resistente, que se mantém firme diante das adversidades; em alguns momentos, pode até ser considerada rude. Lidar com esse tipo de máscara pode ser um desafio, devido ao seu temperamento. Caracteriza-se pelos extremos: ora é extrovertida; ora, introvertida. E facilmente irritável.

Essa máscara normalmente é usada por quem sofreu algum trauma na infância, principalmente psicológico. Assim, aprendeu a ser forte para lidar com as situações. É como se quisesse provar ao mundo que é superior; que não precisa de ninguém, como um grito "olhem, eu faço tudo isso por vocês, por isso devem me amar, me admirar". Claro, de forma inconsciente.

Geralmente, usa essa máscara uma pessoa que tenta aplacar a dor de uma infância vítima de *bullying* ou algum tipo de abuso. A máscara reforça a inteligência e a perspicácia; impulsiona a força verbal para fazer com que o outro se renda aos seus desejos. "Eu sou melhor que você, pois sou muito inteligente."

Para libertar-se dessa máscara, pense em que momentos a utiliza; em que situação precisa sentir-se forte, com quais pessoas. Entenda que o outro é igual a você, que também pode ter traumas, angústias, medo. Reconheça no outro o melhor que tem em você. Toda vez que se sentir superior, entenda que o outro é um ser humano também e é frágil.

Máscara do religioso

A pessoa que usa a máscara de religiosa não fere com palavras, mas, para obter o que deseja, ou quando o seu desejo não é atendido, deixa de falar com a pessoa ou coloca a religião em tudo. Quando algo está mal, em vez de lamentar, reza e medita para compreender o que está acontecendo. É aquele da família que sempre fala em Deus ou em uma inteligência superior que rege o universo, afirmando que tudo tem a ver com a religião.

É uma pessoa que até tenta ser melhor. Porém, se alguém a contrariar, perde a paciência, guarda mágoa por muito tempo, ignora a pessoa que a contrariou como se ela não existisse. Coloca-se como refém sempre que acontece algo que não deseja. "Foi Deus que quis assim" ou "Deus é quem sabe, Ele tem seus motivos para que isso aconteça" são frases típicas desse tipo de pessoa.

Para libertar-se dessa máscara, não coloque a culpa em Deus. Entenda que Ele não é o culpado, mas você mesmo pelas atitudes que tomou. É como diz o velho ditado: quem planta vento, colhe tempestade. Portanto, seja responsável pelo plantio e terá boa colheita.

Ao ter coragem de olhar para a própria sombra, entenderá que o hábito de usar essa máscara nada mais é do que uma maneira de fugir do enfrentamento com a verdade. Colocar a culpa ou a glória nas mãos de Deus isenta-o da responsabilidade de tentar fazer as coisas certas e de buscar alcançar os seus objetivos com o próprio esforço.

Comunicador - amigo/prestativo

A pessoa que usa essa máscara é o companheiro que gosta de falar, aprecia uma boa conversa, é extrovertido. Geralmente anda acompanhado, pois não gosta de ficar sozinho. Doa-se tanto pelas pessoas que até se esquece dele mesmo. Para ele, os problemas dos outros sempre são mais importantes e o preocupam a ponto de passar mal. Acredita ser uma boa pessoa por importar-se tanto com os outros, mais do que com ele mesmo.

O maior problema desse comunicador é o fato de, ao olhar tanto para o outro, esquiva-se dos próprios problemas. Na verdade, é uma armadilha do inconsciente para desvencilhar-se dos dilemas internos para não ter que encará-los, muito menos resolvê-los.

Para libertar-se dessa máscara, é preciso entender que está tudo certo em ser amigo das pessoas, ajudá-las ou agradá-las. Porém, deve fazer isso de forma espontânea. É importante que tenha um tempo para você, para a sua família, para fazer o que gosta, de forma equilibrada.

Talvez esteja preocupado por ter reconhecido muitas máscaras que também use. Saiba que elas fazem parte da nossa vida nas relações interpessoais e profissionais. Podemos dizer que são até necessárias. O que não pode acontecer, no entanto, é deixá-las tomar conta de quem somos.

Para ajudá-lo a reconhecer as máscaras que está usando, acompanhe comigo mais uma dinâmica. Pegue um caderno e escreva qual dessas máscaras você utiliza mais. Identifique qual máscara é a mais dominante e se pergunte por que a utiliza e qual o prazer que ela traz. Escreva o sentimento que ela causa em você e, em seguida, escreva o oposto desse sentimento. Exemplo: se escolheu a máscara do poder, escreva inferioridade. Agora, reveja sua infância e os momentos em que se sentiu incapaz. Identifique quem falava para você as palavras que o magoavam; quem o criticava. Se não conseguir lembrar, faça algumas respirações para acalmar a mente e deixe a sua criança ferida entender os motivos do uso dessa máscara.

Deixe que aflorem todas as cenas que estão registradas em sua mente. Se forem muitas, anote-as e vá trabalhando uma a uma. Sinta a dor em todo o seu ser. Apesar de difícil, só assim vai livrar-se dessa carga. Chore, grite, faça tudo o que tiver vontade, coloque para fora o que está guardado. Assim, ao reviver com intensidade a dor, colocará para fora todo o trauma. Depois, acolha a criança, dê amor, abrace, diga a ela que não está sozinha e que vai cuidar dela, que pode ser quem ela quiser.

É necessário que retire as máscaras para que haja a compreensão de quem realmente você é para ser verdadeiro consigo mesmo e com os outros. Para encontrar a felicidade e a realização, deve conhecer-se, saber do que gosta e não gosta, conhecer os seus sonhos e ir atrás deles de forma completa, sem medo de errar.

Suas asas já estão prontas para voar. Não deixe que o medo o impeça. Voe alto e se liberte do medo de errar. Afinal, o erro está no caminho do sucesso.

COMO PLANEJAR A MINHA NOVA VIDA?

Você já tem ideia do que gosta de fazer e do que te faz bem? Então, comece a planejar como atingir suas metas. Afinal, antes de largar tudo e começar algo, deve saber como, de que forma e, principalmente, se vai realmente gostar da nova atividade.

O planejamento é fundamental para que possamos traçar nossos caminhos profissionais e nossas metas pessoais. Se aprendemos a planejar desde cedo, conseguimos organizar nossa vida para atingir nossos objetivos de forma satisfatória. Contudo, nunca é tarde para aprender a planejar, estruturar metas e pensar em objetivos a serem atingidos. Como tudo que aprendemos na vida, o planejamento é um hábito e necessita de organização e prática constante.

Gosta do seu trabalho? Sente-se bem nele? Se a resposta for sim, parabéns! Se a resposta for não, bem-vindo ao barco em que a maioria das pessoas se encontra. É fundamental que seja sincero, verdadeiro consigo mesmo e admita a sua insatisfação.

Como escrevi em capítulos anteriores, mudar faz parte da natureza humana. Somos seres em constante evolução. Às vezes, essa mudança acontece de forma mais rápida; outras, de forma mais lenta. Depende muito do perfil de cada um e das situações vivenciadas ao longo da vida. O mais importante é refletir o que o faz feliz e se está satisfeito com a sua realidade e com sua atividade profissional. Para isso, faço agora um convite para refletir sobre os passos do planejamento.

Passo 1

Faça um planejamento financeiro para o tempo em que for ficar sem trabalhar até conseguir outro emprego ou abrir o próprio negócio, se esse for o caso. Economize um valor determinado por mês (antes de sair do seu emprego) e gaste menos do que ganha. Se essa opção não for viável, procure uma fonte extra de renda. Outra forma é pedir um empréstimo a seus familiares ou até ao banco. Eu já recorri às duas últimas opções para abrir a minha empresa e deu tudo certo.

Passo 2

Escolha o nicho desejado, ou seja, uma profissão, trabalho, atividade ou negócio de que goste e com o qual tenha afinidade. Se ainda tiver dúvidas a respeito do seu propósito, refaça os exercícios do capítulo 2 para ter maior clareza.

Passo 3

Estude, invista em cursos de especialização ligados à área em que quer empreender, para não ser apenas bom na área, mas ser o melhor. Você precisa conhecer muito bem o que deseja fazer, tudo mesmo, pois isso dará vantagem sobre as outras pessoas do mesmo ramo.

Passo 4

Escreva em um papel o seu objetivo, aonde quer chegar, tente ser bem específico; quando não sabemos aonde vamos, qualquer lugar serve.

Passo 5

Escreva todas as atividades e ações que tem que fazer para conseguir atingir a meta; o objetivo.

Passo 6

Agora que já sabe o que deve fazer, consulte nas suas anotações as atividades que deve fazer primeiro e organize-as em sua agenda, colocando data e hora. Faça o planejamento de três dias, deixando o quarto dia livre. Nele, cumprirá as tarefas que, por algum motivo (falta de tempo ou algum imprevisto), não conseguiu cumprir nos três dias iniciais. Apenas depois de finalizar todas as atividades previstas, planeje os próximos três dias, inserindo mais atividades das anotações, deixando o quarto dia livre. Qual é a importância desse dia livre? Para que você sempre possa cumprir o planejamento. Se tiver feito todas as atividades a que se propôs nos três dias, pode usar o quarto dia para descansar ou para adiantar as próximas atividades, como desejar.

Passo 7

Arrume as atividades por prioridades. A primeira é a principal, é a que você tem que realizar naquele dia. Sabe por que colocar a mais importante no primeiro horário? Quando acordamos, nosso corpo já repôs a energia gasta no dia anterior e está cheio de energia para fazer o que lhe pedirmos; ao final do dia, estará mais cansado.

Passo 8

Uma das coisas mais importantes para quem quer ter sucesso em seu planejamento é ter disciplina, paciência e organização, não desistir nunca. No começo pode parecer difícil, por isso, quanto mais informação sobre a nova área tiver, melhor. Quanto maior o conhecimento, maior a facilidade em vencer. Esse é o segredo dos grandes empresários: quando colocam uma ideia na cabeça, só descansam quando a tornam realidade. Então planeje, execute e tenha disciplina até chegar aos resultados esperados. Para finalizar, coloque uma pitada de amor e vai alcançar seu objetivo.

Se está difícil por um lado e acredita que não tem saída, olhe para outro. Uma janelinha aberta pode transformar-se em algo maior do que o imaginado. Já ouviu falar no ditado "quando se fecha uma porta, abre-se uma janela?". Essa frase ensina-nos a sempre ver o outro lado. Muitas vezes nosso ego quer algo grandioso, todo enfeitado com purpurina, mas o que o nosso coração precisa para realizar-se é algo mais simples que, na maioria das vezes, custamos a enxergar.

Temos uma missão que viemos cumprir na Terra, que nos dá a possibilidade de exercer os nossos dons e talentos pelo amor. Então, pergunte o que gosta de fazer, sem interferência do ego, o que faz você sentir-se realizado. Olhe ao seu redor para ver o que o universo fala, pois ele nos fala o tempo todo, você só deve parar, desligar o automatismo e ficar atento aos sinais. Para isso, aconselho a meditação todos os dias para conectar-se com o seu "eu", sua essência e sentir-se realizado.

Modifique os velhos hábitos por hábitos saudáveis. Acredite! Você consegue!

COMO CONSEGUIR O QUE DESEJAMOS?

Nosso cérebro é como um computador sofisticado que armazena informações; milhões de programas que trabalham no automático. Algumas funções realizamos sem nos darmos conta de que estamos realizando. No entanto, para que essas funções aconteçam, treinamos o nosso cérebro desde que nascemos. E, a partir daí, começa a realizá-las sozinho, porque consomem menos energia.

Ao caminhar, por exemplo, não pensamos que devemos levar uma perna à frente da outra. Essas informações estão armazenadas dentro de nós. Ao realizarmos a ação de caminhar, nosso cérebro aciona uma rede neuronal específica que dá o comando para fazer tudo em milésimos de segundos.

Como disse em capítulos anteriores, existem duas formas para o cérebro aprender: por repetição ou por emoção. Por repetição, ao reproduzirmos algo inúmeras vezes. Um comportamento, um sentimento, uma palavra, uma crença, repetidas várias vezes, torna-se hábito. A outra forma é por emoção: quando acontece um fato abrupto na sua vida, algo que gere um sentimento tão forte, que é gravado, de imediato, no seu cérebro. A seguir, darei alguns exemplos de aprendizagens para facilitar a compreensão:

- **EXEMPLO 1: reveja alguma viagem que foi inesquecível. O que comeu e gostou? Que lugares conheceu? Agora que as imagens se projetaram em sua mente, volte dois anos na sua vida, na mesma data, e tente lembrar-se de onde estava e o que fazia. Se for algo realmente significativo, lembrar-se-á. Caso não tenha acontecido nada de significativo, com certeza nada virá à sua mente. Ao lembrar-se da viagem, você armazenou a informação por meio da emoção (aprendizagem pela emoção).**

- **EXEMPLO 2: ao começarmos a caminhar, tivemos que repetir os movimentos milhões de vezes até caminharmos sozinhos e hoje já fazemos no automático (aprendizagem por repetição).**

- **EXEMPLO 3:** quando a criança era pequena, colocou algo na tomada e levou um choque. Ela entendeu que não podia colocar nada naquele lugar e não colocou mais (aprendizagem pela emoção).

- **EXEMPLO 4:** ao aprendermos a escrever, fizemos vários rascunhos em cadernos até que, por repetição, aprendemos todas as letras. Hoje podemos escrever e ler com fluidez (aprendizagem por repetição).

- **EXEMPLO 5:** quando alguém da família diz frases como: você não presta para nada, você faz tudo errado, vem cá, desgraça, você é idiota, dependendo do contexto e da forma como são faladas, incorporam à nossa vida a ponto de acreditarmos serem verdades (aprendizado por emoção e por repetição).

Toda vez que o cérebro aprende algo novo pela repetição, ele começa a criar uma rede neuronal para esse aprendizado. Por isso, ao começar uma atividade nova, como ir à academia, por exemplo, é tão difícil nas primeiras semanas. Sentimos preguiça ou esquecemos o horário; porém, após dois meses, a atividade fica no automático. Esse fato ocorre porque, ao repetir a ação, a rede neuronal criada fica forte até que chega um momento em que agimos sem pensar. Nesse momento, o corpo acostumou-se de tal forma que até nos pede para realizar a ação. Quando isso acontece, entramos no gasto mínimo de energia cerebral e a atividade torna-se um hábito.

O tempo que o cérebro leva para construir uma nova rede neuronal, a partir do aprendizado por repetição, varia entre 21 e 66 dias. Já em relação à aprendizagem por emoção, a rede neuronal é criada instantaneamente.

Então, para que serve o conhecimento de como funciona o cérebro?

1. **Para saber como colocar novos hábitos saudáveis no nosso dia a dia, para ter o comportamento que desejamos e melhorarmos a nossa vida, criando a realidade que sonhamos. Por exemplo: criar o hábito de amar-se mais, de valorizar-se, de sentir-se feliz e em paz consigo e com a vida.**
2. **Para tirar hábitos indesejados, como dores e angústias, e conseguir eliminar a voz do medo, do "não consigo", "não posso", programa imposto por pessoas próximas ao seu cotidiano.**

Como mudar o hábito ou sentimento indesejado?

Cada vez que aparecer o comportamento ou sentimento que você deseja mudar, use a técnica que chamo de PCPI (parar, criticar, pensar e colocar a imagem do que deseja).

Se quer mudar um sentimento de culpa e colocar em seu lugar amor, toda vez que esse sentimento surgir dentro de você, PARE e faça três respirações profundas para colocar a sua mente no agora, no presente. Depois, CRITIQUE, fale para si mesmo (pode ser de forma verbal ou no pensamento) que não quer ter esse sentimento de culpa, que a culpa não é sua, liberte-se. Logo PENSE, entendendo que esse comportamento não é o que gostaria de ter. Então, coloque a IMAGEM DO QUE DESEJA, ou seja, imagine na sua mente como deseja agir, nesse caso com amor e compreensão por você mesmo. Toda vez que o sentimento de culpa vier, refaça o processo, passo a passo, para ensinar seu cérebro como deve agir com relação a esse sentimento.

Para reforçar a técnica PCPI:

- **PARAR: faça três respirações para sair do automático da repetição. É necessário mostrar para o cérebro a importância do que se quer mudar. Então, ao parar e focar a atenção no que não quer mais,** você está dizendo para a sua mente que o assunto é importante.

- **CRITICAR:** criticar o pensamento ou a ação contrária ao que deseja para que o cérebro entenda que não é mais dessa forma que deve agir ou sentir, e imaginar como queremos agir daqui por diante.

- **PENSAR:** pensar, dialogar no seu íntimo e entender que o velho hábito não é seu e ver os motivos reais pelos quais deseja colocar o novo hábito ou pensamento na sua vida. Compreender os benefícios que esse novo comportamento trará.

- **COLOCAR A IMAGEM DO QUE DESEJA:** ajuda a tomar consciência de qual é o comportamento novo que queremos ter. Além disso, você precisa saber que o cérebro não sabe distinguir o real do imaginário; portanto, se fechar os olhos e imaginar como gostaria de agir, a sua mente acreditará que já agiu dessa forma. Toda vez que fizer esse exercício o que vai acontecer em termos técnicos é criar uma nova rede neuronal, que será fortalecida de forma natural.

Ao pensar negativo, repetindo aquilo que não deseja e se preocupando em demasia com o trabalho, dinheiro, relacionamento, saúde etc., você estará, na verdade, focando no que pode dar, colocando uma informação de medo e de falta de confiança no cérebro. Afinal, se acreditasse 100% que daria tudo certo, não haveria motivos para a dúvida, não é? E não me venha dizer que é precavido.

O cérebro acredita que esse medo do que vai acontecer é verdade e faz o possível para que aconteça. Isso se dá porque o cérebro não sabe distinguir o que é real do que é imaginário. Ao pensar de maneira pessimista, estamos reforçando para o cérebro as imagens negativas e ele crê que precisa trabalhar para torná-las realidade.

Por exemplo, se pensarmos que nunca vamos ter a casa ou o emprego de nossos sonhos ou o marido/esposa ideal, nosso cérebro assimilará a imagem de perdedor. Ele não sabe distinguir; portanto, tornará realidade aquilo que acreditamos ser verdade. Agora, se colocarmos a certeza de que conseguiremos o que desejamos, de forma fácil, o nosso cérebro tornará realidade.

Quando desejou muito alguma coisa e conseguiu, pense em como agiu antes de atingir seu objetivo. O que pensava sobre o desejo? Duvidava de que conseguiria tê-lo? Ou acreditava fixamente que, custasse o que custasse, realizaria o seu sonho? Às vezes imaginava como seria bom quando tivesse alcançado o que desejava?

Esse é o segredo: acreditar em seu sonho, enviando imagens positivas a seu cérebro.

Você pode ser o seu deus e conseguir tudo o que quiser se tiver pensamentos positivos. Ou, também, pode ser o próprio inferno e viver uma vida só de problemas, doenças, angústias e escassez, se assim o desejar. Na nossa mente passam 70 mil pensamentos por dia, três mil por hora e 50 por minuto. Agora, imagine 70 mil pensamentos negativos, o que vai acontecer? Vai ser difícil atingir o seu sonho, não é? Afinal, se é só um pensamento que ainda não se tornou realidade, então por que escolher justamente um pensamento ruim?

É comum as pessoas falarem "não quero isso" ou "não quero aquilo". Ao usarem a palavra "não", acabam em uma emboscada e as coisas não acontecem da forma como pensamos. O cérebro está impossibilitado de processar a palavra não. Esse fato acontece, pois, essa palavra não possui uma definição clara; uma representação linguística. Assim, provocará uma reação paradoxal no cérebro, que só entende o sim.

Se eu pedir para não pensar em um cachorro ou não pensar em um elefante cor de rosa com bolinhas brancas, com certeza já terá pensado antes de eu terminar de falar a frase. Ou, se eu pedir para não tocar em algo, sentirá vontade de tocar. Temos o poder de mudarmos a forma como nos expressamos, verbalmente ou no pensamento. Para atrairmos o que desejamos, basta controlar o que pensamos.

Na escola, não nos foi ensinado a como pensar; como dominar as rédeas da nossa mente. Até agora ninguém tinha nos falado que é possível mudar o nosso pensamento para atingir os objetivos. Estou dando a chave para tornar o seu mundo melhor e realizar o que deseja. Tudo começa de uma forma simples, com a auto-observação. Toda vez que tiver um pensamento indesejado, deve trocá-lo pelo desejado.

Volto à imagem do computador, da qual gosto muito. Imagine um deles, a mais potente e sofisticada máquina do mundo. É o nosso cérebro. Em sua trajetória de vida, foram colocados programas e comandos; ele os executou com maestria. A partir desse momento, temos o poder de escolhermos que programa queremos ter que nos faz bem e que programa queremos eliminar. Portanto, devemos tomar uma decisão e jogarmos o que não queremos mais fora.

Reveja os hábitos que não fazem mais sentido na sua vida e prepare seu cérebro para libertar-se. Coloque nele o "novo programa". Foque nisso até que ele se torne mais forte que o programa antigo e entre no automático. Só assim criou um hábito saudável e dominou o seu cérebro. Agora é você quem manda.

Desafio a ficar atento a cada pensamento negativo que vier à sua mente e trocá-lo por outro positivo. Substitua o "não consigo fazer algo" por "eu consigo fazer tudo a que me proponho". Pegue um papel e anote os pensamentos do jeito que eles vêm para ficar mais fácil de identificá-los e sair do automático das repetições mentais. Você vai se surpreender com a quantidade de pensamentos negativos e como se repetem frequentemente. Quando identificar o pensamento negativo, faça o PCPI (PARAR, CRITICAR, PENSAR e colocar a IMAGEM do que desejamos).

Escreva em outro papel a frase positiva oposta a seu pensamento negativo e leia. Continue fazendo esse exercício por um mês. Você vai surpreender-se ao constatar como, após esse período, já consegue controlar o que quer pensar, e como está tendo maior facilidade em conseguir os seus objetivos simplesmente porque mudou seu pensamento, atraindo o que deseja.

Você tem o poder de ser o que desejar. Escolha pensamentos positivos e se deixe dominar por eles.

QUAL O PODER DAS AFIRMAÇÕES POSITIVAS?

Costumo comparar as afirmações com sementes jogadas na terra. Se forem lançadas em um terreno seco, terão pouco desenvolvimento. Agora, se o solo for bem fértil e elas forem regadas diariamente, vão crescer fortes e bonitas. Ao escolher pensamentos que trazem uma sensação boa de amor, alegria, felicidade, bem-estar, abundância e prosperidade, as afirmações positivas vão dar frutos.

Nesse momento pode escolher o que deseja pensar. Quando mudar a forma como pensa, tudo em sua vida vai ser diferente; vai mudar para melhor. Não desperdice seu tempo pensando de maneira negativa em coisas que não vão ajudá-lo em nada; pelo contrário, só vão trazer mais problemas.

Agora, aprenderá como funcionam as afirmações positivas e como conseguir tudo o que deseja por meio delas. Se souber utilizá-las, pode ser uma pessoa realizada e próspera.

Então, vamos aos quatro passos básicos:

1. Em um papel, escreva seus sonhos, desejos e metas, usando os verbos no presente. O universo acolhe as suas palavras e pensamentos literalmente. Use verbos no presente, como: tenho (por mais que ainda não tenha o objeto desejado), sou, crio, estou, sinto, vou. Exemplos:

- *Eu sou feliz ou eu me sinto feliz hoje e sempre.*
- *A minha mente está programada para o sucesso.*
- *Eu sou próspero; o dinheiro vem a mim de todas as formas.*
- *Eu me amo muito.*
- *Eu tenho minha casa própria.*

Nunca faça uma afirmação negando algo, como: eu não quero tal coisa ou eu não quero ser. Como expliquei no capítulo anterior, seu cérebro não processa a palavra não.

2. Leia as afirmações diariamente e as visualize. Para isso, feche os olhos e se imagine como se já tivesse conseguido. Quanto mais estiver sentindo o que está lendo melhor, acredite no que lê como se já tivesse conquistado.

Lembre-se de que o seu cérebro não sabe distinguir o que é real do que é imaginário. Então, ao visualizar o que deseja, vai acreditar que já está acontecendo e vai trabalhar a seu favor para que essa imagem se torne realidade.

3. A cada visualização, experimente colocar sentimento na sua imagem. Quanto maior for o sentimento de felicidade, alegria, bem-estar, melhor o universo entenderá a energia emitida em torno da confiança, como se já tivesse conseguido alcançá-la. Dessa forma, conectará seu cérebro com a energia de realização e tornará a sua imagem realidade.

4. Seu pensamento deve ser sempre positivo. Não adianta querer algo e pensar: é muito difícil, nunca vou conseguir aquilo; não tenho grana, por isso nunca vou conseguir comprar aquela casa; não tenho sorte no amor, sempre escolho errado, tenho o dedo podre para o amor, sou feio, ninguém me quer. Colocando tanta energia negativa e certeza de que não conseguirá seus objetivos, demorará mais tempo para realizar seus sonhos.

5. O último passo é um dos mais importantes. Durante, no mínimo, 60 dias, deve praticar esse exercício para conseguir o que deseja. Após 20 dias, notará que já pode ter conseguido coisas que estão na sua lista. Eu faço esse exercício sempre, ao longo de anos, e posso garantir que, ao reforçar as afirmações positivas, traz para a sua vida tudo o que desejar.

Afirmações positivas para nossa saúde e bem-estar

Você deseja ter uma saúde melhor? Então, evite alguns pensamentos ou pelo menos tente controlá-los: raiva, angústia, ansiedade, medo. Perdoe sempre, não julgue e não fique remoendo pensamentos negativos que atentem contra a sua essência. Reforce a si mesmo:

- *Eu sou uma pessoa saudável.*
- *Eu tenho muita saúde.*
- *Minha saúde é ótima.*
- *Eu sou uma pessoa amável.*
- *Eu sou paciente.*
- *Eu sou cordial.*
- *Eu nasci para ser feliz.*
- *Eu nasci para ter sucesso.*
- *Eu nasci para me amar.*

- *Eu me amo muito e me aceito da forma que sou.*
- *Eu estou no caminho certo.*
- *Eu sigo minha intuição sempre.*
- *Eu sou uma pessoa livre de dor.*
- *Eu me liberto do medo.*
- *Eu me liberto da raiva.*
- *Eu me liberto da ansiedade.*
- *Eu sou uma pessoa feliz.*
- *Eu amo minha vida.*
- *Eu me sinto completo.*
- *Eu me perdoo e me amo.*
- *Eu me perdoo e perdoo a todas as pessoas.*
- *Eu faço escolhas saudáveis.*
- *Eu sou lindo.*
- *Eu sou sensacional.*
- *Eu sou extraordinário.*
- *Eu estou em total sintonia com a vida, com o sol, com a chuva, com a terra e com o mar.*
- *Eu crio a minha realidade.*
- *Eu crio uma realidade de amor, de paz e de felicidade.*
- *Eu sou feliz.*

- *Eu penso positivamente sempre e, quando vem um pensamento negativo, troco por um positivo.*
- *Eu sou amável comigo.*
- *Eu tenho um corpo lindo.*
- *Eu me amo e me sinto em paz com meu corpo.*
- *Eu tenho um sorriso lindo.*
- *Eu sou uma pessoa calma.*
- *Eu sou honesto e confiante.*
- *Eu sou determinado.*
- *Eu sou luz.*
- *Eu penso positivamente sempre.*

Afirmações positivas sobre a vida

Você deve ser grato por estar vivo. O universo sempre lhe dá tudo o que precisa. Imagine um pássaro. Ele nasce e tem todas as suas necessidades supridas: tem a sua comida nos frutos das árvores, tem o material para fazer sua casa provida pelo universo. Você acha que ele se pergunta se vai ter uma casa ou o que comer? Não, porque ele sabe que sempre terá. Se esse pequeno animal e todos os outros confiam na energia divina, por que você, que é um ser inteligente, vai duvidar?

Gratidão é o mais puro sentimento que uma pessoa pode ter. Talvez você ainda não se sinta grato, mas imagine se não tivesse teto e morasse na rua, passando frio ou fome? Talvez já tenha até vivido tudo isso. Por isso, deve estar grato por ter tudo o que tem.

Louise Hay disse que "O universo sempre reage àquilo que você acredita a seu respeito e sobre sua vida". Se mudar a forma de pensar, terá prosperidade, saúde, felicidade, paz e abundância do universo entrando em sua vida e os seus sonhos tornar-se-ão realidade. Reforce a si mesmo:

- *Eu amo minha vida.*
- *Eu tenho sorte na vida.*
- *Eu amo minha família.*
- *A minha vida é maravilhosa.*
- *A minha vida é descomplicada.*
- *Eu confio no universo.*
- *Eu tenho uma vida linda.*
- *Eu confio em mim.*
- *Eu escolho caminhos de paz.*
- *Eu me sinto feliz hoje e sempre.*
- *Eu escolho caminhos de prosperidade, paz, harmonia.*

- Eu me amo, por isso sou paciente comigo.
- Eu crio hoje uma realidade de amor, paz e compreensão na minha vida.
- Eu sempre sigo minha intuição.
- Hoje me liberto de pensamentos negativos.
- Eu sou grato(a) por ter meu esposo(a) nome dele(a).
- Eu sou grato(a) por ter meu(s) filho(s) nomes dele(s).
- Eu sou grato(a) por ter a minha vida.
- Eu sou grato(a) por me amar.
- Eu sou grato(a) por ter meu emprego.
- Eu sou grato(a) por ter minha casa.

Afirmações positivas sobre dinheiro e prosperidade

A palavra prosperidade vem do latim *prosperitas* e significa a qualidade ou estado de próspero que, por sua vez, significa venturoso, bem-sucedido, feliz, afortunado. Para que tenha prosperidade, deve pensar como se já a tivesse, emanando pensamentos prósperos no amor, saúde, dinheiro. Você nunca criará prosperidade financeira se estiver o tempo todo na falta, pensando ou falando que está sem dinheiro.

Vou sugerir algumas frases sobre dinheiro que vão ajudá-lo a conseguir abundância. Para que isso dê certo, precisa repeti-las diariamente, seguindo aqueles quatro passos. Como já afirmei anteriormente, o fracasso está no caminho do sucesso.

- *O dinheiro vem para mim de todas as formas, fica comigo e se multiplica.*
- *Sou um ímã para atrair dinheiro.*
- *O dinheiro chega a mim com facilidade, fica comigo e se triplica.*
- *Eu pago todas as minhas contas e sobra dinheiro.*
- *Eu estou bem economicamente.*
- *Eu tenho dinheiro para tudo o que preciso.*
- *Eu tenho dinheiro e sou feliz.*
- *Eu sou próspero no dinheiro, na saúde, na felicidade e no amor.*
- *Minha mente está programada para o sucesso.*
- *Eu sou abundante em riquezas.*
- *Eu sou milionário.*
- *Eu sou próspero em felicidade.*
- *Eu sou próspero em saúde, em amor, em dinheiro.*

- *Eu ganho muito dinheiro no meu trabalho.*
- *Eu sou um ímã que atrai a riqueza para mim.*
- *O meu dinheiro está constantemente aumentando.*
- *Eu amo o meu trabalho e sou muito bem remunerado.*
- *Eu tenho um emprego no qual ganho muito (colocar a quantia que quer ganhar, pois devemos ser específicos com aquilo que queremos).*

Escolha as frases positivas que agradem, anote-as em um caderno e se habitue a lê-las todos os dias de manhã, antes mesmo de sair da cama e, à noite, antes de dormir. Notará a diferença.

Você pode mudar a sua vida para melhor. O segredo é acreditar, ter fé e nunca desistir!

A PALAVRA TEM PODER?

Por mais que tentemos fugir do nosso destino, ele sempre aparece com uma última cartada, antes de encerrar o jogo. É assim com a vida de todas as pessoas; com a minha e com a sua também. Uma técnica que utilizo com meus pacientes e que vem dando bons resultados é gravar um áudio com frases positivas, desejos, sonhos e escutá-lo diariamente em forma de meditação, ou seja, concentrado, atento a cada frase, acreditando que vai realizar o que deseja; que vai conseguir alcançar seu objetivo.

Escutar o áudio é uma técnica poderosa, se deseja que seus desejos se concretizem rapidamente. Você pode escutá-lo ao acordar, enquanto estiver na cama, ou indo para o trabalho, no som do carro. Um dos meus horários prediletos é à noite, na hora de dormir, já deitada. Esse áudio é ótimo para quem tem problemas de sono, pois vai pegar no sono rápido com ele, inclusive no próprio áudio pode colocar um comando para ter um sono profundo e relaxante. Esse horário é o mais indicado.

Quando fechamos os olhos e começamos a dormir, entramos em um momento em que nosso cérebro relaxa, ficando em ondas Theta. Nesse exato momento, o inconsciente abre-se para informações. Ou seja, colocará as informações no lugar exato para que fiquem gravadas, no inconsciente, que é o lugar onde deve ficar gravado para que seus sonhos se concretizem com maior rapidez, poder e força.

Como fazer o áudio? Basta usar o gravador de voz do celular (é um programinha bem fácil de usar[1]). Pegue seu celular, vá para um lugar calmo, onde só esteja você e grave o áudio. O que colocar nesse áudio? Todas as coisas que você quer para a sua vida, tudo o que escreveu naquela lista de desejos. Você pode escolher frases que cito neste livro e gravá-las: amor, prosperidade, saúde. A seguir, darei um exemplo de um áudio que você pode utilizar, tirar e colocar o que desejar. Lembre-se: você não pode, de maneira nenhuma, dizer no seu áudio frases como: eu não quero tal coisa, eu não quero ser tal coisa. Ou seja, nada que contenha a palavra não.

---

[1] Se você ainda não tem esse programa, procure e baixe no *Play Store* do seu celular.

Exemplo de áudio

Inspire. Ao fazer isso, imagine que inspira todo o amor do mundo. A cada respiração, você relaxa mais, sente-se confortável, feliz. Imagine que, a cada respiração, você inspira paz, harmonia e felicidade para cada órgão do seu corpo, para cada célula, para cada elemento. Sinta os benefícios da respiração e, a cada expiração, imagine que vai embora toda a dor, toda a preocupação, todo o medo. Cada vez que expira, sente a angústia ir embora, sente a preocupação indo embora. Inspire amor, paz, harmonia para sua vida. Sinta a limpeza que está fazendo com esse exercício de respiração.

Agora, imagine-se lindo, sinta-se alegre, mentalize como gostaria de ser. Repita: eu sou lindo, eu sou maravilhoso, eu sou extraordinário. Repita: eu sou lindo. Novamente: eu sou lindo, eu me amo e me aceito como sou, eu me amo e me aceito como sou, sou lindo da forma que sou.

Olhe para o seu corpo e veja que lindo ele é! Ame-se. Repita: eu me amo mais hoje do que ontem. Repita: eu me amo mais hoje do que ontem, eu me amo, eu me amo. Coloque dentro de você o sentimento de amor: eu me amo e me aceito com esse corpo lindo que tenho. Eu me amo.

Sou uma pessoa saudável. Neste momento, toda e qualquer doença se transforma em amor; eu sou saudável. Repita: sou uma pessoa saudável. Neste momento toda e qualquer doença se transforma em amor. Sou uma pessoa saudável, eu sou saúde pura, eu sou saúde pura, eu me amo, eu me amo. Repita acreditando no que está dizendo.

Agora, imagine o momento mais feliz da sua vida e traga essa felicidade para o agora. Repita: eu sou feliz, eu me sinto feliz hoje e sempre, eu amo sorrir, eu sou alegre, eu penso positivamente sempre. Repita: hoje eu me liberto do medo de errar, começo e termino o dia com muito amor. Sinta-se feliz, imagine que o seu dia vai ser fantástico, que tudo o que desejar está vindo para você. Imagine uma luz vindo em sua direção, trazendo o que deseja.

Dedique esse momento a imaginar todo esse amor, todos os seus desejos realizando-se. Imagine agora o seu desejo (fale o desejo), sinta como é bom realizá-lo, envolva-o nessa energia de amor e imagine todos os detalhes do seu sonho.

Repita: eu sou grato por ser determinado, eu sigo minha intuição sempre, eu estou no caminho certo, eu sempre escolho o caminho certo, eu me sinto em paz. Enquanto vai repetindo, crie uma imagem mental bem detalhada e específica.

Repita: eu me sinto em harmonia com a vida; eu me sinto em harmonia com o sol, com a chuva, com o mar, com a vida. Repita: eu crio para mim uma realidade de paz, de abundância, de prosperidade. Eu sou próspero, sim; próspero no amor. Repita: eu sou próspero no amor, eu sou próspero no dinheiro; a riqueza chega a mim de todas as formas, fica comigo e se multiplica. Repita: a riqueza vem a mim de todas as formas, fica comigo e se multiplica, eu sou um ímã que atrai dinheiro e riquezas, eu sou um ímã que atrai dinheiro e riquezas.

Agora repita três vezes: o dinheiro chega a mim de todas as formas, fica comigo e se multiplica. A minha renda está sempre aumentando, a minha renda está sempre aumentando, eu tenho muito dinheiro, pago minhas contas antecipadamente e sobra para fazer o que quero.

Imagine-se comprando tudo o que deseja sem se preocupar com o dinheiro e sempre repetindo: o dinheiro vem a mim em abundância, de forma fácil, sou próspero em dinheiro.

Para os que querem curar alguma doença: eu, neste momento, me liberto da doença, sou saudável, hoje me liberto de todos os medos, sou livre dos medos. Sinta-se livre, sinta-se em paz, ame-se, repita: eu me liberto de todos os medos, eu me liberto de todos os medos,

medos do passado, do presente e do futuro, eu me liberto. Imagine-se libertado, quebrando as algemas do medo do futuro, de fazer algo novo, de dar um passo à frente. Imagine-se livre, fazendo o que deseja, o que faria, como, quando, quanto; enfim, tome um tempo para tornar realidade o que mais deseja.

Sinta-se vivendo seu sonho; veja-o diante de seus olhos. Repita: eu nasci para o sucesso! Eu nasci para o sucesso! Eu nasci para o sucesso! Eu nasci para ser feliz! Sinta-se uma pessoa bem-sucedida, repita: eu nasci para ser feliz, a minha mente está programada para ter o sucesso, meu cérebro está programado para o sucesso. Para fechar com chave de ouro, repita e sinta, com toda a sua força: eu me amo muito, eu sou feliz e estou no caminho certo. Respire e sinta todas as modificações incorporando-se em sua vida; sinta o benefício desse áudio. Respire e, quando quiser, pode abrir os olhos ou acordar.

Como já vimos, ao repetir as frases, instalará no cérebro que, a partir de hoje, quer que ele passe a trabalhar com essa nova visão, a dos seus desejos e desse novo mundo que foi pensado de forma inteligente. Seja feliz hoje! Agora! Já! Não espere ter isso ou aquilo para conseguir uma felicidade momentânea. Ao conseguir o que deseja, você fica feliz, mas, depois de um curto tempo, a felicidade desaparece e passa a desejar outra coisa, imaginando que vai sentir-se completo.

Até quando vai ficar correndo de um lado para o outro, trabalhando muito para, no final da vida, ter uma boa poupança e descansar? Descansar quando seus pés não aguentarem mais caminhar, quando sua coluna não seguir seu ritmo, quando já estiver com alguma doença e perceber que passou a vida toda correndo atrás de coisas, de bens, pois acreditava que neles estava a sua felicidade?

Acorde! Por amor, saia hoje mesmo e olhe o céu azul, as estrelas, a noite. Passe um dia com sua família; faça o que gosta de fazer; tenha um tempo para si. A vida, meu amigo, não é só trabalho; é preciso vivê-la e ser feliz a cada momento, a cada instante, a cada segundo.

Normalmente demoramos um tempo para que consigamos adaptar-nos a tudo o que é novo em nossa vida até que essa novidade deixa de ser novidade e se torna algo automático, ou seja, algo que faremos no dia a dia. Lembra-se de quando começou a acordar mais cedo para trabalhar? Parecia algo cansativo. Agora já acorda até mesmo antes do despertador, pois seu corpo já se acostumou aos horários e é assim com tudo o que queremos fazer.

Seja paciente, cordial, amigo de si mesmo e, quando errar, por amor, não se julgue; entenda que é humano. Não se culpe, apenas diga a você mesmo: escolho pensar de outra maneira, eu sou dono dos meus pensamentos, neste momento mudo a minha sintonia para um pensamento de prosperidade a meu favor. Você é único; é bom no que faz. Veja o quanto já conseguiu. Confie na vida! Confie em você!

A verdadeira felicidade não está no ter, e sim em apreciar os pequenos momentos que a vida nos proporciona; está no ser, em sentir, em viver.

COMO GERAMOS NOSSAS DOENÇAS?

O nosso corpo físico nada mais é que uma reprodução do corpo emocional, ou seja, do nosso ser, de nossos pensamentos. A maioria das doenças surge no psiquismo humano. Sabe aquela angústia, raiva, rancor, orgulho, vaidade; aquela ferida que precisa de perdão, o perfeccionismo, as dores da alma que não conseguimos processar, inquietações da mente? Enfim, tudo o que nos preocupa pode gerar doenças, que podem ser um simples resfriado ou até mesmo algo mais grave.

A escritora Barbara Anna Brennan relata, em seu livro *Mãos de Luz*, um raciocínio muito interessante, que compartilho, sobre doenças:

> Toda doença que você tem é um resultado direto, e toda experiência negativa em sua vida é um resultado direto do fato de você não se ter

> amado plenamente — de não ter procurado fazer o que deseja fazer. Por que não deu atenção à voz interior? Por que não permitiu a si mesmo ser quem você é? Toda doença é uma mensagem direta dirigida a você, que lhe diz que você não tem amado quem você é, nem se tem tratado com carinho a fim de ser quem você é (BRENNAN, pp. 369-370).

O nosso corpo sinaliza que algo não está bem, que devemos mudar nossa forma de ser, de ver o mundo ou simplesmente que estamos agindo contra nossos princípios, contra nossa vontade. Se não o ouvimos, ele fica doente. Começam as dores nos locais mais diversos: nos ombros, no pescoço, na coluna, doenças de pele, queda de cabelo, luxações. É uma forma do corpo nos dizer: pare e olhe para dentro de você; veja o que está acontecendo, o que tem que mudar.

Talvez você esteja fazendo algo de que não gosta, que vai ao encontro dos seus desejos e que está tão no automático que não consegue notar essa contrariedade. Talvez seu corpo esteja pedindo para que seja você mesmo, sem se importar com o que os outros vão falar, sem se cobrar tanto, para voltar a fazer o que dá prazer, o que faz você feliz.

Alguns anos atrás, durante uma caminhada, machuquei o pé. O pé imobilizado significa que devemos parar o que estamos fazendo, diminuir o ritmo, realinhar o caminho. Fiz exatamente isso. Fui para casa, meditei, perguntei ao meu pé o que queria me dizer; perguntei para meu espírito (alguns chamam de inconsciente), aquela voz interior que sabe tudo. Sabe o que ele me respondeu? Você não está feliz com o seu trabalho; por mais que renda bem, não se sente realizada. Faça algo que ame fazer. No mesmo instante, abri o *notebook*, fiz algumas pesquisas sobre cursos de terapia regressiva a vidas passadas, fiz minha inscrição e comecei a estudar.

Toda dor física vem de uma dor do psiquismo. Ela começa na nossa *psique* e, quando não conseguimos processá-la, ou seja, esquecer, perdoar, somatizamos essa dor, trazendo-a para o corpo físico. Quando algo incomoda, é o nosso corpo falando que não está de acordo, que estamos no caminho errado, que devemos perdoar, liberar o que nos faz mal e estamos guardando, acumulando.

No momento em que estiver com uma doença, seja ela simples ou não, vá para um lugar em que possa ficar sozinho, faça algumas respirações para acalmar a mente e pergunte para a doença o que ela quer mostrar, qual é a lição que deve aprender, o que deve fazer para que ela vá embora. Pergunte e verá que, em seguida, terá a resposta. Lembrar-se-á de alguma situação em que agiu contra seus princípios, uma raiva que guardou ou atitude que tomou e magoou você ou a outra pessoa; enfim, virão algumas respostas. Geralmente, a correta é a primeira que vem; confie.

Muitas vezes você tem um temperamento exigente consigo mesmo e com os outros, e essa atitude vai fazer com que, cedo ou tarde, adoeça. Não digo isso para assustá-lo, mas sim para que possa parar e olhar para dentro de si, ver onde está errado e mudar. Consertar o leme de seu barco.

Ninguém é perfeito. Há aqueles que são mais atentos à dor e, quando ela aparece, perguntam-se por que se instalou ali, pois até ontem não estava lá (eu mesma sou uma dessas pessoas que, a qualquer dor, já vou me perguntando o que devo mudar e a resposta sempre vem). A partir disso, começo a fazer a mudança e a dor desaparece.

Quando tiver alguma dor ou ficar doente, comece a observar o que foi feito antes ou durante a semana que passou que não foi bem resolvido, ficou algum incômodo, ou o que pensou muito de forma pessimista, negativa, prepotente, que foi contra seus princípios, aí vem a resposta: como um *flash*, surge uma visão clara de quando a dor iniciou. Sabe o que fazer para livrar-se dela? Converse com essa dor, entenda para que veio, o que deve ser mudado e, quando entender, comece a mudar e ela desaparecerá.

No momento da dor, poderia simplesmente tomar um analgésico; porém, a função dele é apenas a de bloquear os sinais de dor para que não cheguem ao cérebro. Ela vai continuar ali, embora não a percebamos, e aí pensamos que está tudo bem. Não escutar a dor é pior, pois acumulamos mais e mais insatisfações, até que um dia o copo está cheio e elas se manifestarão, no corpo físico de outra forma.

Vou contar uma história que aconteceu com um grande amigo que mora no meu bairro. Ele tinha um trabalho em que ganhava bem, duas filhas lindas, uma esposa adorável, carinhosa, que o amava, uma casa linda; enfim, tinha tudo o que precisava. Possuidor de um temperamento forte, trabalhava o dia todo na empresa e chegava à casa cansado, ainda com o pensamento no trabalho. Não tinha um tempo de lazer com a sua família ou um tempo para fazer algo que desse prazer para ele.

O trabalho ia bem, mas o meu amigo não se permitia descansar, cuidava de todos os detalhes, sempre preocupado, para não haver falhas, para que tudo saísse perfeito. Ele comandava uma equipe de 700 funcionários, dos quais exigia extrema dedicação. Cobrava a sua equipe o tempo todo para que vendesse muito e tivesse o melhor desempenho. Claro que isso ocasionava dores de cabeça, quando algo saía diferente do que esperava. Ele sentia dores nas costas e, certo dia, chegou a passar mal, sua pressão baixou e ele quase desmaiou, quando perdeu um acordo que traria milhões de lucro para a empresa. Ele era uma pessoa que vivia para o trabalho e exigia que seus subordinados fizessem o mesmo.

Sabe o que aconteceu dois anos atrás? Ele teve um infarto. Seu coração não aguentou mais tanta pressão a que ele mesmo se impunha, ao querer que tudo e todos fossem do seu jeito, pressão para ser o melhor, para estar praticamente vivendo 24 horas nervoso; não sabia descansar nem conseguia. Após o infarto, fui visitá-lo e ele me relatou essa história que acabei de contar, refletindo que, se tivesse morrido, teria deixado tudo para sua família, sem ter aproveitado a companhia de sua esposa, suas filhas e o dinheiro que possuía. Pensou em quantas vezes ficou bravo por besteira e em quantas discussões teve com sua esposa por nada, pois queria as coisas do seu jeito.

Meu amigo deu-se conta de que vivia de mal com a vida, sem nunca sorrir, com uma cara brava, sempre exigindo mais dos funcionários, apressado, agitado, sem tempo para fazer o que ele gostava, que era velejar. Ele percebeu que suas filhas já haviam crescido e, por estar sempre ocupado, não aproveitou o convívio com a sua família. Decidiu que, quando saísse do hospital, mudaria de vida, pararia de trabalhar e de ser perfeccionista; só viveria a vida. Recomeçaria uma vida em que fosse o protagonista, em que tivesse tempo para fazer o que gostasse, para estar mais presente na família, com os amigos que restavam, pois o tempo não volta.

Fazendo a própria reflexão: "para que trabalhar tanto? Por que preciso de tantos bens? Para levar para o túmulo?", disse-me. Nós nos olhamos e demos risada. "É verdade!", respondi.

Hoje estamos obcecados por ter. Não que isso seja algo errado. Devemos viver com conforto, mas, como já comentei anteriormente, já reparou que, quando consegue o que deseja, nunca é suficiente? Fica feliz por um tempo e logo deseja algo maior, que vai dar mais trabalho para conseguir. É como se a nossa sociedade estivesse viciada nesse jogo: uma corrida interminável de bens materiais. Quanto mais dígitos na conta bancária, melhor nos sentimos e nossa saúde geralmente vai ficando mais debilitada.

A felicidade não está nos bens materiais, mas sim na simplicidade da vida, em um abraço, um sorriso, em um te amo, em aproveitar o dia com a família, viajar com amigos, em assistir ao pôr do sol, o surgir da lua, em escutar a chuva, em sentir um beijo de quem amamos.

Agradeça às pessoas que fazem parte de sua vida. Dê valor às pessoas que o rodeiam. Se você as tratar mal, não ficarão muito tempo ao seu lado; afinal, quem gosta de ser maltratado? Dê valor a quem ama você, a seus amigos, pois estão sempre ali para tudo. Dê valor aos seus pais, pois colocaram-no no mundo. Se não fossem seu pai e sua mãe, não estaria aqui; portanto, perdoe-os se tiver algum problema. Entenda que ambos não têm a mesma maturidade que você tem hoje. Veja-os como crianças que estão aprendendo; afinal, somos crianças na área dos sentimentos.

Comprometa-se hoje consigo mesmo a mudar; a observar o que pensa e saber que o que está na sua mente é uma crença que traz do seu passado e tem o poder de modificá-la. Você tem o poder em suas mãos para construir o que desejar. Você tem o poder de criar a sua realidade e o seu mundo, da forma que desejar. Você é sensacional, extraordinário e único! Você nasceu para brilhar, basta acreditar!

São meus sinceros desejos que este livro tenha ajudado a se conhecer e a descobrir-se. Espero que tenha gostado, pois dei o melhor de mim ao escrever cada linha.

Se gostou deste conteúdo, tenho alguns vídeos que interessarão a você. Siga-me no meu canal do YouTube e compartilhe esta informação para ajudar muitas pessoas.

Abraço,

> Paola Maurin
>
> Escritora, *coach*, terapeuta.
> Instagram: @paolamaurin_transformesuavida
> YouTube: PAOLA MAURIN

REFERÊNCIAS

BRENNAN, Barbara Anna. *Mãos de luz: um guia para a cura através do campo de energia humano*. Tradução Octavio Mendas Cajado. 22.ed. São Paulo: Pensamento, 2018.

BROWN, H. Jackson. *Não abandone um sonho*. Disponível em: <https://www.revistainspira.com/post/n%-C3%A3o-abandone-um-sonho-s%C3%B3-porque--vai-demorar-a-acontecer-o-tempo-vai-passar-do--mesmo-jeito>. Acesso em: 19 de set. de 2020.

CURY, Augusto. *Ansiedade. Como enfrentar o mal do século: a síndrome do pensamento acelerado*. São Paulo: Saraiva, 2013.

CURY, Augusto. *Armadilha da mente*. (s.c): Primeira Pessoa, 2020.

CURY, Augusto. *Nunca desista de seus sonhos*. Rio de Janeiro: Sextante, 2004.

DALAI-LAMA. *O caminho da tranquilidade*. Rio de Janeiro: Sextante, 2000.

DUHIGG, Charles. *O poder do hábito*. Tradutor Rafael Mantovani. Rio de Janeiro: Objetiva, 2012.

GARDNER, Howard. *Inteligência múltiplas: a teoria e a prática*. Tradutora Maria Adriana Veríssimo Veronese. Porto Alegre: Artes Médicas, 1995.

GOLEMAN, Daniel. *Foco: a atenção e seu papel fundamental para o sucesso*. Tradutora Cássia Zanon. Rio de Janeiro: Objetiva, 2014.

GOLEMAN, Daniel. *Inteligência emocional*. Tradutor Marcos Santarita. Rio de Janeiro: Objetiva, 1996.

HARV, Eker T.. *Speed wealth: como fazer um milhão com seu negócio em até três anos*. São Paulo: Autoral,1997.

HAY, Louise L. *Aprendendo a gostar de si mesmo*. Rio de Janeiro: Sextante, 2001.

HAY, Louise L. *O poder das afirmações positivas*. Rio de Janeiro: Sextante, 2005.

HAY, Louise L. *O poder dentro de você*. São Paulo: Best-Seller, 1991.

HAY, Louise L. *Você pode curar a sua vida*. Tradutor

Evelyn Kay. São Paulo: Nova Cultural, 2017.

JUNG, Carl Gustav. *O desenvolvimento da personalidade*. São Paulo: Vozes, 2011.

LOSIER, Michael J. A. *A Lei da Atração: O segredo, de Rhonda Byrne, colocado em prática*. São Paulo: LeYa.

MULFORD, Prentice. *Nuestras Fuerzas Mentales*. (s.c.): Kier, 2015.

POSSATTO, Lourdes. *Ansiedade sob controle: dicas e técnicas de relaxamento, meditação, alfagenia e biodança*. São Paulo: Lúmen, 2006.

POSSATTO, Lourdes. *Equilíbrio emocional: pensar, sentir e agir*. São Paulo: Lúmen, 2008.

POSSATTO, Lourdes. *Inteligência emocional e autoestima*. São Paulo: Lúmen, 2017.

POSSATTO, Lourdes. *Relacionamentos positivos*. São Paulo: Lúmen, 2013.

SISODIA, Raj. *Palestra as pessoas não gostam do seu trabalho*. Disponível em: <https://economia.uol.com.br/empregos-e-carreiras/noticias/redacao/2013/05/08/72-das-pessoas-nao-gostam-do-seu-trabalho-aponta-pesquisa.htm#:~:text=O%20consultor%20

indiano%20e%20professor,n%C3%A3o%20gostam%20do%20pr%C3%B3prio%20trabalho>. Acesso em: 19 de set. de 2020.

SRI PREM BABA. *O propósito: a coragem de ser quem somos*. São Paulo: Sextante, 2016.

SRI PREM BABA. *Transformando o sofrimento em alegria*. São Paulo: Sextante, 2017.

TEMDAM, Hans. *Cura profunda: a metodologia da terapia de vida passada*. São Paulo: Summus, 1997.

XAVIER, Francisco Chico. *Caminho, verdade é vida*. (s.c.): FEB.

Livro composto nas tipologias Anton, Impact e Lato.
Impresso pela gráfica Impressul.